Office-Küche

Emil-Hoffmann-Straße 1
50996 Köln

Rezeptfotos: TLC Fotostudio
Coverfoto: StockFood
Gesamtherstellung: Naumann & Göbel Verlagsgesellschaft mbH
ISBN: 978-3-625-11803-9
www.naumann-goebel.de

Office-Küche

Inhalt

Vorwort

Büroalltag und Essen – das bedeutet für viele: ohne Frühstück aus dem Haus, mittags Kantinenessen, ungesundes Fast Food oder mehr oder weniger gar nichts.

Die Folge davon ist, dass man sich schnell energielos und schlapp fühlt. Dabei ist es gar nicht schwer, zu Hause etwas zu essen fürs Büro vorzubereiten und mitzunehmen.

Kraftstoffe fürs Gehirn

Um fit und leistungsfähig zu sein und es auch zu bleiben, geht es nicht ohne „Kraftstoffe" für den Körper. Ohne Benzin fährt kein Auto, ohne Vitamine, Mineralstoffe und Spurenelemente funktioniert unser Gehirn nicht, und wir fühlen uns schlapp, träge und müde – laufen sozusagen nur noch auf einem Zylinder. Viele Büromenschen vernachlässigen die Bedürfnisse ihres Organismus. Sie ernähren sich schlecht oder mangelhaft, trinken zu wenig oder das Falsche – kein Wunder, dass ihnen Stress zu schaffen macht, dass sie sich nach einer Arbeitswoche ausgepowert fühlen und für Krankheiten anfällig sind. Das muss nicht sein – im Gegenteil.

Zu Hause vorbereiten – im Büro fertig machen

Alle in diesem Buch vorgestellten Gerichte können Sie bequem zu Hause vorbereiten und mit ins Büro nehmen. Sei es das belegte Brötchen, der Thunfisch-Wrap, Suppen, Salate, herzhafte Waffeln oder gefüllte Paprikaschoten. In vielen Büros gibt es mittlerweile zumindest eine Mikrowelle, in der man sich etwas warm machen kann.

Empfehlenswert ist es auf jeden Fall, folgende Geräte im Büro zu haben, um unabhängig von Imbissbuden und Kantinenessen zu sein. Fragen Sie die Kolleginnen und Kollegen – sicher beteiligen sie sich an der Anschaffung, oder bitten Sie den Chef um einen Zuschuss für:

- Wasserkocher
- Mikrowelle
- Kühlschrank

Etwas aufwändiger sind

- Herd mit Backofen und/oder
- elektrischer Dampfgarer,

aber es lohnt sich. Im Dampfgarer können Sie mühelos und schnell Fisch und Gemüse, Reis und Nudeln garen – und das Ganze besonders schonend.
Außerdem können Sie die Fensterbank in einen kleinen Kräutergarten oder eine Sprossen-Zucht-Station verwandeln. So haben Sie stets frische Vitamine für Ihren Snack zwischendurch zur Hand.

Tipps für die gesunde Bürokost

Wenn Sie nur ein paar kleine Regeln befolgen, ist es ganz einfach, sich auch im Büro vollwertig zu ernähren und Ermüdungsattacken zu vermeiden.

- Achten Sie auf ausreichend Vitamine in Form von Gemüse und Obst, mindestens 5 Obst-/Gemüsemahlzeiten am Tag sind empfehlenswert.
- Trinken Sie viel – mindestens 2 Liter Flüssigkeit am Tag in Form von stillem Mineralwasser, verdünnten Frucht- und Gemüsesäften oder Kräutertees.
- Vermeiden Sie Zucker und Süßigkeiten wie Schokoriegel, Pralinen, Torten, süße Cremes und Pudding. Können Sie nicht ganz verzichten, schränken Sie den Konsum ein. Setzen Sie sich Tagesrationen, die Sie einhalten.

· Essen Sie Trockenfrüchte oder Vollkorngebäck mit Vollrohrzucker. Sie enthalten Zucker, der direkt ins Blut geht und nicht nach 30 Minuten wieder zu einem Hungergefühl führt. Auch frisches Obst ist als Zuckerersatz bestens geeignet.

· Wenn Sie Schokolade essen, achten Sie auf einen hohen Kakaoanteil, mindestens 70 %.

· Lassen Sie den Zucker im Kaffee oder Tee weg – er hebt die Wirkung des Koffeins schnell wieder auf.

· Verzichten Sie generell auf fette Speisen im Büro, sie belasten den Magen und machen müde. Das Fett wandert schnell zu den Problemzonen.

· Achten sie darauf, auch im Büro möglichst Essenspausen einzuhalten und wenn möglich fünf Mal am Tag zu essen. Wenn nicht, knabbern Sie Ihre Sandwiches einfach nebenbei.

Notfall-Tipps

Wenn Sie dennoch während des Tages in ein Leistungstief fallen, hilft das:

· Buttermilch mit Fruchtsaft ist der absolute Muntermacher, ebenso ein Müsliriegel ohne Zucker oder ein Joghurt.

· Die Wasserflasche gehört als ständiger Begleiter an Ihre Seite, auch bei Meetings und Besprechungen. Wasser regt die kleinen grauen Zellen an.

· Nüsse, Studentenfutter, Trockenfrüchte sind angesagt, wenn die Konzentration nachlässt. Vor allem getrocknete Feigen, Datteln und Aprikosen sind gute Energielieferanten.

· Wenn Sie gar nicht zum Essen kommen, Ihr Magen aber Hunger meldet, knabbern Sie Reiswaffeln, am besten aus Vollkornreis.

· Sorgen Sie dafür, dass im Büro immer frisches Obst und Gemüse auf dem Tisch stehen, sodass Sie zwischendurch zugreifen können. Vereinbaren Sie mit den Kolleginnen und Kollegen einen Einkaufsplan.

Wenn Sie nun unsere Tipps beherzigen und ab und zu mal eines der Rezepte in diesem Buch ausprobieren, haben Sie schon einen großen Schritt in Richtung gesunde Ernährung im Büro getan.

Sandwiches, Snacks & Brotaufstriche

Schnell mal eben auf dem Weg ins Büro beim Bäcker vorbeigehen und ein belegtes Brötchen mitnehmen? Machen Sie sich doch lieber selbst eines nach Ihrem Geschmack.

Mit langweiligen Käsebrötchen und fetten Salamibroten ist nun Schluss. Ab heute gibt es mit Krabben gefüllte Wraps, Pitafladen mit Gemüse, Sandwich mit Hühnerbrust und viele andere gesunde Snacks fürs Büro, die nebenbei auch noch super lecker sind.

Sandwich mit Hühnchenbrust und Weißkrautsalat

Für1 Portion

150 g Hühnchenbrust

Salz, Pfeffer

2 El Olivenöl

1 Tl Rosmarinnadeln

1 Scheibe Vollkorntoast

1 El Butter

4 El Weißkrautsalat

1 Scheibe Salatgurke

1 Tomatenscheibe

Für den Krautsalat

300 g Weißkohl

80 g Schinkenspeckwürfel

8 El Sonnenblumenöl

3 El Apfelessig

Salz, Pfeffer

Zubereitungszeit: ca. 20 Minuten (plus Bratzeit)
Pro Portion ca. 578 kcal/1587 kJ
17 g E, 56 g F, 2 g KH

1 Das Fleisch würzen und im heißen Olivenöl mit den Rosmarinnadeln von beiden Seiten etwa 5 Minuten braten. Herausnehmen und abkühlen lassen.

2 Den Toast mit der Butter bestreichen und den Krautsalat darauf anrichten. Die Hühnchenbrust schräg in Scheiben schneiden und auf den Salat legen. Mit Gurke und Tomate garnieren.

3 Für den Weißkrautsalat den Kohl in feine Streifen hobeln. Den Speck knusprig braten und mit den übrigen Zutaten zum Kraut geben. Alles gut durchmischen und mit Salz und Pfeffer abschmecken.

Baguettebrötchen mit Räucherlachs

Für 1 Portion

1 Baguettebrötchen

25 g Frischkäse mit Kräutern

40 g Räucherlachs

1 Zweig Dill

Alfalfa-Sprossen nach Belieben

Zubereitungszeit: ca. 10 Minuten
Pro Portion ca. 291 kcal/1222 kJ
16 g E, 10 g F, 32 g KH

1 Das Baguettebrötchen aufschneiden und beide Hälften mit dem Frischkäse bestreichen.

2 Den Lachs in Scheiben schneiden und auf die untere Brötchenhälfte legen. Mit Dill und Alfalfa-Sprossen dekorieren und die obere Brötchenhälfte daraufsetzen.

Weißkraut

Weißkraut enthält viele Vitamine und Mineralien, die man im Büroalltag braucht. Vor allem Vitamin C ist reichlich in rohem Kohl enthalten. Vitamin C gilt als Radikalenfänger und schützt damit den Körper auf vielfältige Weise vor Krankheit. Außerdem regt es die Bildung von Botenstoffen im Gehirn an und wirkt anregend auf die Arbeit der grauen Zellen. Kohl enthält auch Folsäure und Kalium in großer Menge. Sie sind verantwortlich für den Stoffwechsel und die Regulierung des Wasserhaushaltes im Körper.

Den Krautsalat können Sie auch durch andere gesunde Gemüse, wie Endivien- oder Chinakohlsalat ersetzen.

Für 1 Portion

1/2 Baguette

15 g Butter

2 Blätter Friséesalat

30 g Parmaschinken

20 g Gorgonzola

4 karamellisierte Birnenspalten

Für die Birnen

2 Birnen

50 g Zucker

Zubereitungszeit: ca. 10 Minuten
Pro Portion ca. 652 kcal/2738 kJ
15 g E, 22 g F, 100 g KH

Baguette mit Parmaschinken, Gorgonzola und Birnen

1 Die Birnen in Spalten schneiden. Den Zucker in einem Topf karamellisieren lassen.

2 Die Birnen im Zucker wenden, 50 ml Wasser hinzufügen und etwa 1 Minuten köcheln. Birnen aus dem Topf nehmen und erkalten lassen.

3 Das Baguette aufschneiden und beide Seiten mit der Butter bestreichen. Die untere Hälfte mit Salatblättern belegen und den Parmaschinken darauf verteilen.

4 Gorgonzola in Scheiben schneiden und auf den Schinken legen. Die Birnenschnitze darübergeben und mit der oberen Baguettehälfte abdecken.

Für 1 Portion

1 Vollkorn-Sesambrötchen

2 El Chili-Orangen-Mayonnaise

2 Blätter Radicchiosalat

40 g Putenschinken in dünnen Scheiben

4 Mandarinenschnitze aus der Dose

Für die Mayonnaise

abgeriebene Schale und Saft von 1 unbehandelten Orange

5 El Salatmayonnaise

1/2 getrocknete Chilischote

Salz

Zubereitungszeit: ca. 15 Minuten
Pro Portion ca. 364 kcal/1528 kJ
16 g E, 18 g F, 35 g KH

Vollkornbrötchen mit Putenbrust und Chili-Orangen-Mayonnaise

1 Orangenschale und -saft mit der Mayonnaise vermischen. Chilischote zerbröseln und unterheben. Mit Salz abschmecken.

2 Das Brötchen aufschneiden. Beide Hälften mit Mayonnaise bestreichen. Die Salatblätter auf die Brötchenunterseite legen. Den Putenschinken darauf verteilen und mit Mandarinen garnieren. Die obere Brötchenhälfte darauflegen.

16

Sandwich mit Camembert, Emmentaler, Gurken und Tomaten

Für 1 Portion

2 Scheiben Vollkornbrot

15 g Butter

2 Scheiben Emmentaler

20 g Camembert

Paprikapulver

1/2 Tomate

2 Cornichons

Zubereitungszeit: ca. 5 Minuten
Pro Portion ca. 464 kcal/1948 kJ
14 g E, 24 g F, 40 g KH

1 Die Brotscheiben mit der Butter bestreichen. Emmentaler und Camembert in Scheiben schneiden und auf eine Brotscheibe legen. Mit Paprikapulver bestreuen.

2 Die Tomate in Scheiben schneiden und über den Käse legen. Cornichons in dünne Scheiben schneiden und darauf legen. Mit der zweiten Brotscheibe abdecken und andrücken.

Bagel mit Bündnerfleisch und Chinakohl

Für 1 Portion

1 Bagel

15 g Pfefferbutter

50 g Chinakohl

1 Tl Zitronensaft

40 g Bündnerfleisch in dünnen Scheiben

2 Perlzwiebeln

1 Cornichon

Zubereitungszeit: ca. 10 Minuten
Pro Portion ca. 464 kcal/1948 kJ
14 g E, 24 g F, 40 g KH

1 Den Bagel aufschneiden. Die Unterseite mit der Pfefferbutter bestreichen. Chinakohl in feine Streifen schneiden und mit Zitronensaft beträufeln. Auf die Bagelunterseite legen.

2 Bündnerfleisch darauf verteilen. Die Perlzwiebeln und das Cornichon in Stücke schneiden und auf dem Bündnerfleisch verteilen. Die obere Bagelhälfte darauf legen und gut andrücken.

Bündnerfleisch

Bündnerfleisch ist gepökeltes, sehr mageres Rindfleisch, das mit Salz und anderen Gewürzen eingerieben mehrere Wochen in geschlossenen Behältern bei fast 0 °C aufbewahrt wird. Danach wird es getrocknet und mehrmals gepresst, bis alle Flüssigkeit heraus ist. Das Fleisch ist nicht geräuchert.

Für den Bürosnack ist es empfehlenswert, nicht nur Fleisch oder Käse aufs Brot zu legen, sondern auch an Salat, Gemüse oder Obst zu denken – wegen der Vitamine.

Wrap mit Thunfisch und Oliven

Für 1 Portion

1 Weizen-Wrap (FP)

2 Blatt Eisbergsalat

50 g Knollensellerie

1/2 Apfel

1 Dose Thunfisch im eigenen Saft (140 g Abtropfgewicht)

5 schwarze Oliven ohne Stein

4 El Naturjoghurt

Salz, Pfeffer

je 1/2 El frisch gehackte Petersilie und Schnittlauch

1 El frisch geriebener Emmentaler

Zubereitungszeit: ca. 15 Minuten (plus Backzeit)
Pro Portion ca. 825 kcal/3465 kJ
34 g E, 60 g F, 36 g KH

1 Den Wrap nach Packungsanweisung im Ofen backen. Salat in feine Streifen schneiden.

2 Sellerie schälen und fein reiben. Apfel schälen und in kleine Würfel schneiden.

3 Thunfisch abtropfen lassen. Die Hälfte davon anderweitig verwenden. Oliven halbieren. Die Zutaten auf dem Wrap verteilen.

4 Restliche Zutaten außer Käse mischen und über die Füllung geben. Den Wrap zusammenrollen, schräg halbieren und mit Käse bestreuen.

Schlemmer-Tipp

Abwechslung ist wichtig bei der Gestaltung der Mahlzeiten. Doch achten Sie darauf, keine allzu fetthaltigen Lebensmittel zu verwenden. Fett ist zwar ein guter Geschmacksverstärker, aber es hat viele Kalorien und macht auf Dauer träge und setzt sich an den Problemzonen fest. Daher statt Wiener Würstchen zum Beispiel Putenwiener verwenden.

Bei Mayonnaise und Joghurt sollten Sie ebenfalls zu der mageren Variante greifen. Statt Butter verwenden Sie einen fettarmen Brotaufstrich mit Joghurt.

Office-Hot-Dog

Für 1 Portion

1/2 Baguette mit Körnern

2 Chicoréeblätter

1 kleine Gewürzgurke

1 El Bio-Mayonnaise

1 Putenwiener

1 El Röstzwiebeln

1 El Bio-Ketchup

Zubereitungszeit: ca. 10 Minuten
Pro Portion ca. 627 kcal/2633 kJ
25 g E, 42 g F, 36 g KH

1 Das Brötchen aufschneiden. Die Chicoreeblätter waschen, trockenschütteln und in feine Streifen schneiden. Die Gewürzgurke fein würfeln und mit den übrigen Zutaten mischen.

2 Die untere Brötchenhälfte mit der Mayonnaise bestreichen, die gewürfelten Zutaten darauf verteilen und die Wurst darauflegen.

3 Die Wurst mit Röstzwiebeln und Ketchup versehen und die obere Brötchenhälfte darauflegen.

Baguette mit Schinken, Käse und Kresse

Für 1 Portion

1/2 Vollkornbaguette

15 g Kräuterbutter

2 Scheiben gekochter Schinken

2 Scheiben junger Gouda

1 hart gekochtes Ei

1 Tomate

1/2 Kistchen Kresse

Zubereitungszeit: ca. 10 Minuten
Pro Portion ca. 517 kcal/2171 kJ
35 g E, 26 g F, 36 g KH

1 Das Baguette durchschneiden und beide Hälften mit Kräuterbutter bestreichen.

2 Die untere Baguettehälfte mit Schinken- und Käsescheiben belegen.

3 Das Ei pellen und in Scheiben schneiden. Die Tomate ebenfalls in Scheiben schneiden.

4 Die Kresse abschneiden, waschen und trockenschütteln.

5 Ei- und Tomatenscheiben auf dem Käse verteilen und mit Kresse bestreuen. Die zweite Baguettehälfte darüberlegen.

Clubsandwich mit Leberpastete

Für 1 Portion

2 Scheiben Toast

1 Scheibe Leberpastete

1 Scheibe Vollkornbrot

1 El Remoulade

1 Scheibe gekochter Schinken

1 Scheibe Schmelzkäse

1 Radieschen in Scheiben

Zubereitungszeit: ca. 15 Minuten
Pro Portion ca. 540 kcal/2268 kJ
18 g E, 33 g F, 44 g KH

1 Die Toastscheiben rösten. Eine Toastscheibe mit Leberpastete belegen.

2 Die Brotscheibe mit Remoulade bestreichen und darauf legen. Schinken und Käse auf das Brot legen, mit Radieschen belegen und mit dem zweiten Toast abdecken. Sandwich diagonal halbieren.

Für 1-2 Portionen

4 runde Knäckebrotscheiben

1 El Butter

1/2 Mozzarella

1 Fleischtomate

Salz, Pfeffer

einige Basilikumblätter

Zubereitungszeit: ca. 15 Minuten
Pro Portion ca. 344 kcal/1444 kJ
16 g E, 23 g F, 15 g KH

Cracker mit Mozzarella und Tomate

1 Zwei Knäckebrotscheiben mit Butter bestreichen. Den Mozzarella in Scheiben schneiden. Tomate waschen und ebenfalls in Scheiben schneiden.

2 Abwechselnd Tomatenscheibe, Mozzarella und wieder Tomate auf ein gebuttertes Knäckebrot legen und würzen. Mit Basilikum garnieren und mit dem zweiten Knäckebrot abdecken.

Für 1 Portion

1 Sonnenblumenbrötchen

15 g Butter

1 El Tomatenpüree

1/4 Avocado

1 Tl Zitronensaft

3 Gurkenscheiben

2 Tomatenscheiben

2 Radieschen

1 El frisch gehackte Petersilie

Zubereitungszeit: ca. 10 Minuten
Pro Portion ca. 790 kcal/3318 kJ
12 g E, 67 g F, 36 g KH

Brötchen mit Avocado und Tomate

1 Das Brötchen halbieren. Die Butter mit dem Tomatenpüree mischen und auf die Brötchenhälften streichen. Avocado in Spalten schneiden und mit Zitronensaft beträufeln.

2 Untere Brötchenhälfte mit Gurken- und Tomatenscheiben belegen, darauf die Avocadospalten geben. Radieschen hacken und mit der Petersilie darüber streuen. Obere Brötchenhälfte darauf setzen.

Schlemmer-Tipp

Wenn Sie zu Hause keine Zeit oder Lust zum Frühstücken haben, nehmen Sie sich Ihr Frühstück doch einfach mit ins Büro. Auf keinen Fall sollten Sie auf das Frühstück verzichten, denn es ist die Grundlage für einen erfolgreichen Arbeitstag. Über Nacht hat der Organismus seine Blutzuckerreserven verbraucht und benötigt neue Energie, um in Schwung zu kommen. Das Frühstück sollte daher möglichst viele Vitamine und Mineralstoffe enthalten, also Obst, Zerealien, Eiweiß und Vollkornprodukte, damit Sie fit bleiben. Außerdem können Sie morgens gerne viel und ausgiebig essen, ohne dick zu werden.
Doch Sie sollten das Haus nie ganz nüchtern verlassen. Trinken Sie zumindest einen Obst- oder Gemüsesaft.

Für 2 Portionen

Fertigteig für Croissants

1 El Butter

50 g Räucherlachs in Scheiben

4 Streifen eingelegte Paprikaschoten aus dem Glas

40 g Magerquark

1 El frisch gehackter Dill

Salz, Pfeffer

Zubereitungszeit: ca. 15 Minuten (plus Backzeit)
Pro Portion ca. 196 kcal/823 kJ
16 g E, 12 g F, 6 g KH

Quarkhörnchen mit Füllung

1 Den Backofen auf 200 °C (Umluft 180 °C) vorheizen. Den Teig für 2 Croissants auf einer Arbeitsfläche auslegen.

2 Die Butter schmelzen. Den Lachs und die Paprikastreifen würfeln und mit dem abgetropften Quark mischen. Butter und Dill zugegeben, mit Salz und Pfeffer abschmecken und auf den Teig geben.

3 Den Teig nach Packungsanweisung zu Croissants formen und im Ofen (in der Mikrowelle nach Herstellerangabe) etwa 15 Minuten backen.

Für 1 Portion

1 junge Möhre

1/2 Zucchini

25 g Prinzessbohnen

25 g Sellerie

Salz, Pfeffer

2 El Olivenöl

1/2 El Naturjoghurt

1/2 Tl Senf, 1 Tl Essig

je 1 Tl frisch gehackter Kerbel und Petersilie

1/4 Fladenbrot

Zubereitungszeit: ca. 20 Minuten (plus Garzeit)
Pro Portion ca. 677 kcal/2843 kJ
22 g E, 15 g F, 110 g KH

Fladenbrot mit buntem Gemüse

1 Das Gemüse putzen, waschen, Sellerie schälen und alles in feine Streifen schneiden. In kochendem Salzwasser etwa 5 Minuten blanchieren. Abgießen, abtropfen und abkühlen lassen.

2 Die restlichen Zutaten zu einem Dressing verrühren und über das abgekühlte Gemüse geben. In das Fladenbrot eine Tasche schneiden und das Gemüse hineinfüllen.

Für 1 Portion

1 Pitafladen

1 Endivienblatt

75 g gekochte Nordseekrabben

1 El Mayonnaise

1/2 Tl Zitronensaft

Salz, Pfeffer

edelsüßes Paprikapulver

1 Ananasscheibe

Zubereitungszeit: ca. 15 Minuten
Pro Portion ca. 499 kcal/2095 kJ
24 g E, 19 g F, 56 g KH

Pita mit Krabbensalat

1 Das Pitabrot im Ofen aufbacken und eine Tasche hineinschneiden. Das Endivienblatt in die Pitatasche legen.

2 Die Krabben mit Mayonnaise, Zitronensaft und Gewürzen mischen. Ananas in kleine Würfel schneiden und unterheben. Den Krabbensalat in die Pitatasche füllen.

Schlemmer-Tipp

Als Snack fürs Mittagessen ist diese Krabben-Pita genau das Richtige. Krabben enthalten viel Vitamin B 12, das Vitamin, das hauptverantwortlich für die Bildung der roten und weißen Blutkörperchen im Körper ist. Da diese sowohl Sauerstoff wie Nährstoffe im Körper tranportieren, sind sie lebenswichtig. Besonders die Arbeit des Gehirns ist von der Menge des Sauerstoffs und der Nährstoffe abhängig, die es bekommt.

Für 1-2 Portionen

2 Laugenbrezeln

1 El Butter

100 g Frischkäse

1 El Sahnemeerrettich aus dem Glas

Salz, Pfeffer

1 El Sesamkörner

Zubereitungszeit: ca. 10 Minuten
(plus Röstzeit)
Pro Portion ca. 406 kcal/1705 kJ
11 g E, 23 g F, 36 g KH

Laugenbrezel mit Meerrettichfrischkäse

1 Die Laugenbrezeln aufschneiden und mit Butter bestreichen.

2 Den Frischkäse mit dem Meerrettich mischen und mit Salz und Pfeffer abschmecken. Frischkäse auf die unteren Brezelhälften streichen.

3 Die Sesamkörner fettfrei rösten und auf den Frischkäse streuen. Mit der oberen Brezelhälfte abdecken.

Sandwich mit Garnelen

1 Das Brötchen aufschneiden und beide Hälften mit Butter bestreichen. Salatblatt auf die untere Brötchenhälfte legen und die Garnelen darauf verteilen.

2 Die Remoulade darübergeben. Die Gurkenscheiben auf die Remoulade legen und die obere Brötchenhälfte darauf setzen.

Für 1 Portion

1 Sandwichbrötchen

1 El Butter

1 Kopfsalatblatt

50 g gekochte Garnelen

1 El Remoulade

4 Gurkenscheiben

Zubereitungszeit: ca. 10 Minuten
Pro Portion ca. 392 kcal/1646 kJ
13 g E, 30 g F, 18 g KH

Belegtes Brot mit Räucherforelle

1 Das Weißbrot rösten und abkühlen lassen. Mit der Butter bestreichen.

2 Das Forellenfilet quer durchschneiden und auf das Brot legen.

3 Die Melonenspalten schälen, entkernen und über das Filet legen. Mayonnaise mit Zitronensaft, Salz und Pfeffer würzen und über die Melonen geben. Darüber die rosa Pfefferkörner streuen.

Tipp

Ernähren Sie sich ausgeglichen und vollwertig. Dazu gehören mindestens zwei bis drei Fischmahlzeiten pro Woche. Fisch enthält lebenswichtige Stoffe wie die gesunde Omega-3-Säure, die den Cholesterinhaushalt günstig beeinflusst und den Blutdruck senkt. Der Körper kann sie nicht selbst bilden, daher muss sie mit der Nahrung aufgenommen werden. Vor allem Seefische wie Makrele, Sardine und Thunfisch, aber auch Lachs enthalten diese als „Fischöl" bezeichnete ungesättigte Fettsäure.
Statt Räucherforelle können Sie auch Räuchermakrele für das Sandwich verwenden.

Für 1 Portion

1 Scheibe Weißbrot

1 Tl Butter

1 geräuchertes Forellenfilet

2 Spalten Honigmelone

1 Tl Mayonnaise

1/2 Tl Zitronensaft

Salz, Pfeffer

1 Tl rosa Pfeffer

Zubereitungszeit: ca. 10 Minuten
Pro Portion ca. 362 kcal/1520 kJ
19 g E, 20 g F, 26 g KH

Müsli mit Joghurt und Aprikosen

1 Die Aprikosen würfeln.

2 Aprikosenwürfel, Naturjoghurt und Haferflocken mischen.

3 Zum Süßen etwas Saft von den Aprikosen unter das Müsli rühren.

Schlemmer-Tipp

Ein Müsli sollte bei keinem Frühstück fehlen, vor allem nicht im Büro. Es enthält alles, was Sie für einen guten Start in den Tag benötigen: Ballaststoffe, Vitamine, Mineralien, Eiweiß. Ballaststoffe gehören zu den Kohlenhydraten und sind pflanzliche Faserstoffe, die in Obst, Gemüse, Hülsenfrüchten und Getreide enthalten sind. Sie sind wichtig für den Zuckerhaushalt und die Verdauung. Bei ihrer Verstoffwechslung entsteht außerdem Zucker, der langsamer als Weißzucker ins Blut abgegeben wird und so für einen konstanten Blutzuckerspiegel sorgt. Resultat: Wir sind länger satt und fit.

Für 1 Portion

50 g Aprikosen aus der Dose

150 g Naturjoghurt

25 g kernige Haferflocken

Zubereitungszeit: ca. 5 Minuten
Pro Portion ca. 230 kcal/966 kJ
8 g E, 3 g F, 31 g KH

Müsli mit Ananas und Kokos

1 Müsli und Joghurt miteinander mischen.

2 Die Ananas in kleine Stücke schneiden. Mit dem Zitronensaft unter das Müsli rühren

3 Mit Kokosflocken bestreuen.

Für 1 Portion

25 g Früchtemüsli ohne Zucker

150 g Naturjoghurt

2 Ananasscheiben, frisch oder aus der Dose

1 Tl Zitronensaft

2 El Kokosraspeln

Zubereitungszeit: ca. 10 Minuten
Pro Portion ca. 363 kcal/1524 kJ
9 g E, 20 g F, 35 g KH

Für 1 Portion

200 g Äpfel

Saft von 1/2 Zitrone

50 ml Sahne

1 Tl Vanillezucker

1 Prise Zimt

8 El Magerquark

1 El Mandeln

Zubereitungszeit: ca. 10 Minuten
Pro Portion ca. 400 kcal/1680 kJ
24 g E, 16 g F, 38 g KH

Apfelspalten mit Dip

1 Die Äpfel waschen, trockentupfen, vom Kerngehäuse befreien und in Spalten schneiden. Mit Zitronensaft beträufeln.

2 Die Sahne steif schlagen und mit Vanillezucker und Zimt würzen. Die Sahne mit dem Magerquark vermischen und mit Mandeln verfeinern.

Für 1 Portion

150 g Sahnequark

2 El Milch

1 Bund frische gemischte Kräuter

Salz, Pfeffer

Paprikapulver

Zubereitungszeit: ca. 15 Minuten
Pro Portion ca. 142 kcal/596 kJ
22 g E, 1 g F, 9 g KH

Kräuterquark

1 Den Quark mit der Milch verrühren. Die Kräuter waschen, trockenschütteln und fein hacken.

2 Die Kräuter unter den Quark mischen.

3 Den Kräuterquark mit Salz, Pfeffer und Paprikapulver abschmecken.

4 Dazu isst man Gemüsestäbchen aus Paprika, Gurke oder Möhren.

Frühstücksstuten

1 Die Hefe in der Milch auflösen, den Zucker einrühren und die Mischung 15 Minuten gehen lassen. Das Mehl mit den Nüssen mischen und den Hefevorteig zugeben. 2 Eier sowie die flüssige Butter hinzufügen und alles zu einem glatten Teig kneten.

2 Die Rosinen heiß abspülen, abtropfen lassen und unter den Teig heben. Den Teig abgedeckt über Nacht im Kühlschrank durchziehen lassen.

3 Auf einer bemehlten Arbeitsfläche aus dem Teig einen Brotlaib formen, auf ein gefettetes Backblech legen und etwa 60 Minuten an einem warmen Ort gehen lassen, bis sich sein Volumen verdoppelt hat.

4 Das dritte Ei trennen. Eigelb verquirlen, das Eiweiß leicht schlagen. Den Teig mit Eigelb bestreichen und die Walnusshälften auf der Oberfläche verteilen. Mit Eiweiß bestreichen und mit Hagelzucker bestreuen.

5 Den Stuten im vorgeheizten Backofen bei 190 °C (Umluft 170 °C) etwa 40 Minuten backen.

Tipp

Um im Büro leistungsfähig und fit zu bleiben, sollten Sie über den Tag verteilt mehrere kleinere Mahlzeiten zu sich nehmen. Angefangen beim Frühstück, das ruhig etwas mehr sein kann, dann ein kleiner Snack vor dem Mittagessen, der aber nicht allzu üppig sein sollte. Zwischendurch nehmen Sie noch 1 bis 2 kleine Snacks zu sich und am Abend wieder keine große Mahlzeit, sondern etwas leicht Verdauliches. Zuviel Kalorien werden gleich an den Fettpolstern abgelegt.

Für 1 Stuten

1 Würfel Hefe
100 ml lauwarme Milch
3 El Zucker
500 g Weizenmehl
100 g gemahlene Nüsse
3 Eier
50 g flüssige Butter
100 g Rosinen
50 g Walnusshälften
2 El Hagelzucker
Mehl für die Arbeitsfläche
Fett für das Blech

Zubereitungszeit: ca. 30 Minuten (plus Zeit zum Gehen und Backen)
Pro Stück ca. 250 kcal/1050 kJ
7 g E, 10 g F, 31 g KH

Für 1 Portion

50 g Trockenfrüchte

100 ml Orangensaft

125 g Sahnequark

1 El gemahlene Mandeln

Zubereitungszeit: ca. 15 Minuten (plus Zeit zum Einweichen)
Pro Portion ca. 321 kcal/1348 kJ
22 g E, 6 g F, 39 g KH

Quark mit Trockenfrüchten

1 Die Trockenfrüchte im Orangensaft etwa 60 Minuten einweichen. Dann die Früchte aus dem Saft nehmen und in kleine Würfel schneiden.

2 Den Quark mit dem Saft verrühren, die restlichen Zutaten unterheben.

Für 1-2 Portionen

100 g Ziegenfrischkäse

20 g saure Sahne

1 Apfel

1 Tl Zitronensaft

100 g reife Aprikosen

50 g Honig

einige Zitronenmelisseblättchen

Apfelspalten

Zubereitungszeit: ca. 20 Minuten
Pro Portion ca. 297 kcal/1247 kJ
6 g E, 17 g F, 29 g KH

Ziegenfrischkäsecreme mit Aprikosenpüree

1 Den Ziegenkäse mit der sauren Sahne glatt rühren. Den Apfel schälen, vom Kerngehäuse befreien und reiben. Mit dem Zitronensaft unter die Käsecreme heben.

2 Für das Fruchtpüree die Aprikosen waschen, halbieren und entsteinen. Mit dem Honig mischen und pürieren. Zitronenmelisseblättchen unter das Fruchtpüree mischen.

3 Die Ziegenkäsecreme in eine Schale füllen und das Aprikosenpüree darauf geben. Mit Zitronenmelisseblättchen und Apfelspalten garnieren.

Ratatouille-Aufstrich

Für 2 Portionen

je 1/2 rote, grüne und gelbe Paprikaschote

1/2 Zucchini

1/4 Aubergine

1/2 Knoblauchzehe

1 Schalotte

2 El Olivenöl

50 ml Tomatensauce

1/4 Bund Basilikum

1 Tl Kräuter der Provence

Salz, Pfeffer

Zubereitungszeit: ca. 20 Minuten (plus Kochzeit)
Pro Portion ca. 140 kcal/588 kJ
6 g E, 6 g F, 14 g KH

1 Das Gemüse putzen und waschen, Paprika von den Kernen befreien und alles klein schneiden. Knoblauch und Schalotte schälen und fein hacken.

2 Das Olivenöl erhitzen und die Zutaten darin unter Rühren anschmoren. Tomatensauce zugeben und die Mischung cremig einkochen lassen. Mit gehacktem Basilikum, Kräutern, Salz und Pfeffer würzen.

Remoulade

Für 2 Portionen

1/2 El Kapern

1/2 hart gekochtes Ei

1 Cornichon

4 El Mayonnaise

je 1/2 El frisch gehackte glatte Petersilie und Dill

Salz, Pfeffer

Zubereitungszeit: ca. 15 Minuten
Pro Portion ca. 216 kcal/907 kJ
4 g E, 20 g F, 3 g KH

1 Abgetropfte Kapern, Ei und Cornichon sehr fein hacken und mit der Mayonnaise mischen.

2 Mit Petersilie und Dill mischen und mit Salz und Pfeffer abschmecken.

Schlemmer-Tipp

Als Snack zwischen Frühstück und Mittagessen können Sie sich einen leckeren Powerdrink zubereiten. Zum Beispiel einen Buttermilch-Shake mit Früchten. Dazu nehmen Sie 250 ml Buttermilch und vermischen sie mit klein geschnittenen oder pürierten Früchten Ihrer Wahl. Nach Belieben können Sie den Shake mit etwas Honig oder Ahornsirup süßen. Jedoch keinen Weißzucker verwenden.

Räucherlachsmousse

Für 2 Portionen

150 g Räucherlachs

50 ml Milch

40 ml Sahne

Salz, Pfeffer

1 El frisch gehackter Dill

Zubereitungszeit: ca. 10 Minuten
Pro Portion ca. 183 kcal/768 kJ
16 g E, 12 g F, 2 g KH

1 Den Lachs in Würfel schneiden und mit der Milch im Mixer pürieren.

2 Die Sahne steif schlagen und unter das Lachspüree heben. Mit Salz und Pfeffer abschmecken und mit Dill verfeinern.

Schlemmer-Tipp

Zur Zubereitung der Snacks im Büro können Sie sich die meisten Zutaten im Kühlschrank in der Büroküche hinlegen oder schon vorbereitet in einer Frischhaltebox von zu Hause mitbringen. Auf dem Weg ins Büro besorgen Sie beim Bäcker noch schnell Vollkornbrötchen, -baguette oder Bagel und belegen sie frisch an Ihrem Arbeitsplatz. Nicht vergessen: Zuerst Salat, Gurke, Tomate, dann Belag.

Auch das Müsli oder die Quarkspeise können Sie zu Hause selbst zusammenstellen und erst im Büro mit Fruchtsaft, Milch oder Joghurt mischen.

Kräuterbutter

Für 2 Portionen

125 g Butter

1/4 Bund frisch gehackte Kräuter, zum Beispiel Schnittlauch, Dill, Kerbel, Petersilie, Kresse, Kapuzinerkresse, Zitronenmelisse

Salz

Zitronensaft

Zubereitungszeit: ca. 15 Minuten
Pro Portion ca. 469 kcal/1969 kJ
1 g E, 52 g F, 1 g KH

1 Die Butter schaumig schlagen.

2 Die Kräuter waschen, trockenschütteln und fein hacken.

3 Kräuter unter die Butter rühren und mit Salz und Zitronensaft abschmecken.

Für 2 Portionen

75 g Erdbeeren

75 g Himbeeren

75 g Honig

1 Tl abgeriebene Schale von 1 unbehandelten Zitrone

10 g gehackte Pistazien

Zubereitungszeit: ca. 15 Minuten
Pro Portion ca. 171 kcal/718 kJ
1 g E, 1 g F, 33 g KH

Fruchtaufstrich

1 Erdbeeren und Himbeeren putzen, waschen und abtropfen lassen.

2 Die Beeren mit dem Honig in einen Mixer geben und fein pürieren.

3 Zuletzt Zitronenschale und Pistazien unter das Fruchtmus rühren.

Für 2 Portionen

1/2 Avocado

1 El Mayonnaise

1 El Crème fraîche

1 El Zitronensaft

1 Prise Zucker

Salz, Pfeffer

Chilipulver

Zubereitungszeit: ca. 10 Minuten
Pro Portion ca. 357 kcal/1499 kJ
2 g E, 37 g F, 2 g KH

Avocadocreme

1 Die Avocado schälen, den Kern herauslösen und das Fruchtfleisch pürieren.

2 Mayonnaise, Crème fraîche und Zitronensaft mit dem Püree mischen und mit Zucker, Salz, Pfeffer und Chili pikant abschmecken.

Tipp

Um zwischendurch ein bisschen Avocadocreme zu naschen, sollten Sie immer Reiswaffeln, Vollkornkräcker oder Vollwert-Tacos in der Schreibtischschublade haben. Avocados sind gute Nährstoff- und Energielieferanten. Sie haben zwar relativ viel Fett, sind aber dennoch leicht verdaulich wegen der in ihnen enthaltenen Enzyme. Außerdem enthalten sie viel Kalium, Folsäure, Vitamin B 6, A und C, Magnesium und Kupfer.

Der Fruchtaufstrich schmeckt herrlich auf dem frisch gebackenen Frühstücksstuten von Seite 34/35.

Salate

Salate sind die absoluten Enegiespender im Büro. Sie sind gesund und gut vorzubereiten, enthalten frisches Obst, Gemüse und knackigen Salat oder Nudeln, Käse, Fleisch, Fisch. Ein selbst gemachtes würziges Dressing gibt ihnen geschmacklich den letzten Pfiff.

Salate belasten den Magen nicht und sind daher die ideale Mahlzeit für die Mittagspause im Büro. So bleiben Sie auch noch am Nachmittag leistungsfähig.

Für 1–2 Portionen

1 Schalotte

1 Knoblauchzehe

1 Salatgurke

1 rote Chilischote

1 El Walnussöl

60 ml Kokosmilch

65 ml Gemüsebrühe

Salz, Pfeffer

1/2 El Sesamsamen

etwas Kresse zum garnieren

Zubereitungszeit: ca. 20 Minuten (plus Schmorzeit)
Pro Portion ca. 97 kcal/407 kJ
1 g E, 7 g F, 4 g KH

Gurkensalat mit Sesam und Chili

1 Schalotte und Knoblauch schälen und fein hacken. Gurke schälen, halbieren und entkernen. Gurken in Scheiben schneiden. Chili putzen, entkernen und sehr fein hacken.

2 Öl im Wok erhitzen, Zwiebel und Knoblauch darin andünsten. Gurken zugeben und kurz mitschmoren. Kokosmilch und Brühe angießen und mit Salz und Pfeffer würzen.

3 Sesam in einer Pfanne ohne Fett rösten und anschließend im Mörser zerstoßen. Unter den Salat mischen und mit der Kresse garnieren.

Für 1–2 Portionen

1 Staudensellerie

1 Zucchini

1/2 rote Paprikaschote

1/4 Salatgurke , 2 Möhren

1 Chicoréestaude

Dip

50 g Crème fraîche

1 El Zitronensaft

1 El frisch geriebener Meerrettich

1/2 Tl Honig, Salz, Pfeffer

1 El frisch gehackte gemischte Kräuter

Zubereitungszeit: ca. 20 Minuten
Pro Portion ca. 172 kcal/722 kJ
5 g E, 8 g F, 16 g KH

Rohkost mit Dip

1 Das Gemüse putzen, Möhren und Gurke schälen, Gemüse waschen, Paprika entkernen, Gemüse in schmale Streifen schneiden. Chicorée halbieren und vom bitteren Kern befreien. In einzelne Blätter teilen.

2 Für den Dip Crème fraîche und Zitronensaft glatt rühren, Meerrettich und Honig unterrühren. Mit Salz und Pfeffer abschmecken und mit Kräutern bestreuen.

Für 1–2 Portionen

2 Chicoréestauden

100 g Ananas aus der Dose

1 1/2 El Sherryessig

Salz, Cayennepfeffer

3 El Sonnenblumenöl

1 El Sahne

1 Tl frisch gehackte glatte Petersilie

Zubereitungszeit: ca. 20 Minuten
Pro Portion ca. 154 kcal/646 kJ
1 g E, 10 g F, 12 g KH

Chicoréesalat mit Ananas

1 Chicorée putzen, bitteren Kern entfernen und in dünne Streifen schneiden. Ananas würfeln.

2 Restliche Zutaten zu einem Dressing verrühren. Chicorée und Ananas mischen und mit Dressing überziehen.

Schlemmer-Info

Chicorée ist ein idealer Begleiter zu Obst. Der leicht bittere Geschmack passt hervorragend zu Obstsorten wie Ananas, Mandarinen, Apfelsinen, Birnen oder Äpfeln. Probieren Sie aus, welches Obst Ihnen am besten darin schmeckt. Wichtig: beim Putzen von Chicorée den bitteren Kern entfernen.

Waldorfsalat ist ein Klassiker der Salatküche. Er stammt ursprünglich aus dem Waldorf-Astoria-Hotel in New York. Wir haben hier das Originalrezept abgedruckt. Sie können es nach Lust und Laune variieren.

Für 1–2 Portionen

1 Apfel (Boskop)

1 Möhre

125 g Knollensellerie

Saft von 1/2 Zitrone

1 Ananasscheibe

1 El Sahne

40 g Mayonnaise

Salz, Pfeffer

Zucker nach Geschmack

45 g Walnusskerne

Zubereitungszeit: ca. 25 Minuten
Pro Portion ca. 388 kcal/1629 kJ
5 g E, 32 g F, 7 g KH

Waldorfsalat

1 Apfel, Möhre und Sellerie schälen, Apfel entkernen, alles in dünne Streifen schneiden oder reiben. Mit Zitronensaft beträufeln. Ananas würfeln.

2 Aus Sahne, Mayonnaise und Gewürzen eine Salatsauce bereiten und mit den anderen Zutaten und den Nüssen vermischen. Den Salat etwa 20 Minuten durchziehen lassen.

Reissalat mit Krebsfleisch

1 Den Reis nach Vorschrift garen und abkühlen lassen. Das Krebsfleisch klein schneiden und unter den Reis mischen.

2 Orange und Karotte schälen, Lauch putzen und waschen. Orange würfeln, Karotte in dünne Stifte, Lauch in feine Ringe schneiden. Sojasprossen waschen und abtropfen lassen. Obst und Gemüse unter den Krebsfleischreis heben.

3 Aus Joghurt, Senf und Gewürzen eine Salatsauce bereiten, über den Reissalat geben und zusammen mit den Cashewkernen unterrühren.

Tipp

Diesen Salat können Sie sehr gut zu Hause vorbereiten. Bereiten Sie die Salatzutaten schon am Abend zu und lassen Sie den Salat über Nacht im Kühlschrank stehen. Die Salatsauce bereiten Sie ebenfalls zu und bewahren sie in einem extra Gefäß auf. Vermischen Sie den Salat gleich morgens, wenn Sie ins Büro kommen, mit dem Dressing. Bis zur Mittagspause kann er durchziehen.

Für 1–2 Portionen

125 g Basmatireis

125 g gekochtes Krebsfleisch

1 Orange

1 Karotte

1 dünne Lauchstange

50 g Sojasprossen

100 g Naturjoghurt

1 Tl Senf

Salz, Pfeffer

50 g Cashewkerne

Zubereitungszeit: ca. 15 Minuten (plus Garzeit)
Pro Portion ca. 540 kcal/2268 kJ
27 g E, 14 g F, 73 g KH

Chili-Papaya-Salat

1 Chili- und Paprikaschote putzen, waschen, entkernen und würfeln. Frühlingszwiebeln putzen und in dünne Ringe schneiden. Papaya schälen, halbieren, entkernen und das Fruchtfleisch würfeln. Zutaten in eine Schüssel geben.

2 Joghurt, Gewürze und Saft verrühren und mit den Salatzutaten mischen. Nach Belieben mit Koriander bestreuen.

Für 1–2 Portionen

1/2 rote Chilischote

1 gelbe Paprikaschote

2 Frühlingszwiebeln

1 reife Papaya

100 g Naturjoghurt

3 El Mangosaft

Salz, Pfeffer

Koriander nach Belieben

Zubereitungszeit: ca. 15 Minuten
Pro Portion ca. 84 kcal/352 kJ
3 g E, 2 g F, 10 g KH

Für 1–2 Portionen

150 g Hartkäse, gemischt, zum Beispiel Emmentaler und Bergkäse

6 Erdbeeren

1 Kiwi

100 g kernlose blaue Trauben

3–4 getrocknete Aprikosen

50 g Cashewkerne

100 ml Buttermilch

1–2 Tl Zitronensaft

Zubereitungszeit: ca. 20 Minuten
Pro Portion ca. 550 kcal/2310 kJ
32 g E, 25 g F, 43 g KH

Käse-Frucht-Salat

1 Den Käse in Streifen schneiden. Erdbeeren putzen, waschen und halbieren. Kiwi schälen und würfeln, Trauben halbieren. Die Aprikosen hacken.

2 Zutaten mit den Cashewkernen in eine Schüssel geben. Buttermilch und Zitronensaft mischen und über den Käsesalat geben.

Nüsse

Nüsse sind wichtige Nährstofflieferanten. Vor allem bei fleischloser oder -armer Ernährung sollten neben Hülsenfrüchten vermehrt Nüsse gegessen werden. Sie sind zwar sehr fett, aber dabei handelt es sich um wertvolle ungesättigte Fettsäuren, die der Körper braucht. Cashewkerne haben von allen Nüssen den geringsten Fettanteil. Nüsse enthalten außerdem viel Kupfer, Magnesium, Zink, Kalium, Phosphor und Eisen.

Für 1–2 Portionen

1 Kopf Radicchio

100 g Feldsalat

50 g weißer Spargel, gekocht

50 g Prinzessbohnen, gekocht

1/4 Honigmelone

3 El Olivenöl

2 El Weißweinessig

1 Tl Senf, Salz, Pfeffer

4 Scheiben Parmaschinken

1 El frisch geriebener Parmesan

1 El Kresse

Zubereitungszeit: ca. 15 Minuten
Pro Portion ca. 102 kcal/428 kJ
9 g E, 3 g F, 8 g KH

Bunter Salat mit Melone und Schinken

1 Den Salat putzen, waschen, trockenschütteln, Radicchio zerkleinern. In eine Schüssel geben.

2 Spargel und Bohnen klein schneiden, Melone schälen und würfeln. Zum Salat geben.

3 Aus Öl, Essig, Senf, Salz und Pfeffer ein Dressing bereiten und den Salat damit mischen.

4 Parmaschinken in Streifen schneiden und über dem Salat verteilen. Mit Parmesan und Kresse bestreuen.

Glasnudelsalat mit Hühnchen und Erdnüssen

1 Die Glasnudeln in heißem Wasser 5 Minuten einweichen. Abtropfen lassen, kalt abschrecken und mit einer Schere zerschneiden. Chili putzen und hacken. Mit 1 El Fischsauce, Zitronensaft und braunem Zucker in einer Schüssel verrühren.

2 Das Gemüse putzen, waschen. Schalotte schälen und alles in feine Streifen schneiden. Die Tomate achteln. Die Pilze abtropfen lassen und würfeln.

3 Das Hühnchenfleisch waschen, trockentupfen und in Streifen schneiden. Das Öl in einer Pfanne erhitzen und die Pilze mit den Fleischstreifen darin 3 Minuten schmoren. Mit restlicher Fischsauce und Sojasauce mischen und mit Salz und Pfeffer abschmecken.

4 Fleisch, Pilze, Gemüse und Glasnudeln zum Chili-Dressing geben und gut mischen. Mit Korianderblättern und Erdnüssen garnieren.

Schlemmer-Tipp

Diesen bunten asiatischen Salat können Sie in vielerlei Hinsicht variieren. Tauschen Sie das Gemüse beliebig aus: Statt Staudensellerie, Zucchini und Tomate nehmen Sie Brokkoli, Mais, Paprikaschoten oder Lauch, die Hühnerbrust ersetzen Sie durch Pute, gebratene Rindfleischstreifen oder Krabben. Und statt der Glasnudeln schmecken auch chinesische Reisnudeln oder Spaghettini in diesem leckeren Imbiss.

Für 1–2 Portionen

75 g Glasnudeln

1/2 rote Chilischote

2 El Fischsauce

1 El Zitronensaft

1/2 El brauner Zucker

1/2 Stange Staudensellerie

1 Frühlingszwiebel

1 Schalotte, 1 Tomate

1/2 Zucchini

2 getrocknete chinesische Pilze, eingeweicht

100 g Hühnchenbrust

1 El Sesamöl

1 Tl Sojasauce

Salz, Pfeffer

2 El Korianderblätter

1 El geröstete Erdnusskerne ohne Salz

Zubereitungszeit: ca. 20 Minuten (plus Einweich- und Bratzeit)
Pro Portion ca. 269 kcal/1129 kJ
20 g E, 9 g F, 24 g KH

Für 1–2 Portionen

1 Orange

100 g Staudensellerie

3 Frühlingszwiebeln

10 g Mungobohnenkeime

150 g Naturjoghurt

2 El Apfelessig

1 Tl Zitronensaft

2 Tl Honig

Salz, Pfeffer

1 El Pinienkerne

2 El frisch gehackter Schnittlauch

Zubereitungszeit: ca. 15 Minuten
Pro Portion ca. 167 kcal/701 kJ
5 g E, 5 g F, 20 g KH

Salat mit Sellerie und Orangen

1 Orange schälen und würfeln. Sellerie putzen, waschen und in dünne Ringe schneiden. Frühlingszwiebeln putzen und in 3 cm lange Stücke schneiden. Bohnenkeime waschen und abtropfen lassen. Alle Zutaten in eine Schüssel geben.

2 Joghurt mit Apfelessig, Zitronensaft und Gewürzen verrühren und den Salat damit mischen.

3 Mit Pinienkernen und Schnittlauch bestreuen.

Für 1–2 Portionen

150 g Rote Bete

1/2 Apfel

Saft von 1/2 Zitrone

1 El Sahnemeerrettich

1 El Rotweinessig

3 El Pflanzenöl

1/2 El Senf

Salz, Pfeffer

1 El Sonnenblumenkerne

Zubereitungszeit: ca. 20 Minuten (plus Röstzeit)
Pro Portion ca. 205 kcal/861 kJ
3 g E, 13 g F, 16 g KH

Rote-Bete-Salat mit Meerrettich

1 Rote Bete und Apfel schälen, Rote Bete reiben, Apfel würfeln und mit Zitronensaft beträufeln. In eine Schüssel geben, dabei aber einige Apfelstücke zum Garnieren zurückbehalten.

2 Meerrettich, Essig, Öl, Senf und Gewürze zu einem Dressing verrühren und den Salat damit vermischen.

3 Sonnenblumenkerne ohne Fett rösten und mit den restlichen Apfelstücken über den Salat streuen.

Für 1–2 Portionen

400 g Salatkartoffeln

150 g grüner Spargel

1/4 Kopf Endiviensalat

50 ml Pflanzenöl

3 El Weißweinessig

Salz, Pfeffer

1 El frisch gehackter Kerbel

Zubereitungszeit: ca. 20 Minuten (plus Zeit zum Garen und Abkühlen)
Pro Portion ca. 275 kcal/1155 kJ
6 g E, 12 g F, 32 g KH

Kartoffelsalat mit Spargel

1 Kartoffeln in der Schale garen, abkühlen lassen und pellen. Spargel waschen, im unteren Drittel schälen und in Salzwasser garen.

2 Kartoffeln in Scheiben, Spargel in 4 cm lange Stücke schneiden. Den Endiviensalat putzen, waschen, abtropfen lassen und in Streifen schneiden.

3 Aus Öl, Essig und Gewürzen ein Dressing rühren. Kartoffeln, Spargel und Salat in eine Schüssel geben und mit dem Dressing mischen. Mit Kerbel bestreuen.

Schlemmer-Tipp

Ein herzhafter Kartoffelsalat ist etwas für den mittelgroßen Hunger. Hier wird er zusätzlich mit Spargel und Endiviensalat bzw. Rucola und Erbsen angerichtet. Genauso gut können Sie einen Apfel und gekochte Eier zu den Kartoffeln geben.
Wenn Sie die Möglichkeit haben, im Büro eine Gemüse- oder Hühnerbrühe zu kochen, gießen Sie etwas heiße Brühe über den Kartoffelsalat. Das macht ihn noch schmackhafter.

Für 1–2 Portionen

100 g Rucola

2 gekochte Kartoffeln mit Schale

50 g Erbsen aus der Dose

1/2 Knoblauchzehe

2 El Sonnenblumenöl

3 El Weißweinessig

Salz, Pfeffer

50 g Räucherspeck

2 Scheiben Frühstücksspeck

Zubereitungszeit: ca. 20 Minuten (plus Zeit zum Braten)
Pro Portion ca. 215 kcal/903 kJ
9 g E, 7 g F, 25 g KH

Rucola-Kartoffelsalat mit Erbsen und Speck

1 Rucola waschen, trockenschütteln und in Streifen schneiden. Die Kartoffeln schälen und in Würfel schneiden. Die Erbsen abtropfen lassen. Die Knoblauchzehe schälen und hacken. Zutaten in eine Schüssel geben.

2 Öl, Essig und Gewürze verrühren und über den Salat geben. Den Speck würfeln und mit den Scheiben in einer Pfanne auslassen. Zuletzt über den Salat geben.

Nudelsalat mit Mais und Feigen

1 Die Nudeln nach Packungsanweisung in Salzwasser garen. Den Mais abtropfen lassen. Die Feigen fein würfeln. Paprikaschote putzen, entkernen, waschen und würfeln. Zutaten in einer Schüssel mischen.

2 Aus den restlichen Zutaten ein Dressing bereiten und über den Salat geben. Gut durchrühren und kalt stellen.

Tipp

Das Mittagessen im Büro sollte den Magen nicht allzu sehr belasten, also nicht zu fett und nicht zu scharf gewürzt sein, denn Gewürze wie Paprikapulver, Wacholder und zu viel Salz verhindern die Konzentration. Koriander, Oregano, Pfeffer, Rosmarin und Zimt dagegen fördern sie.
Achten Sie bei der Salatmayonnaise darauf, dass sie Joghurt enthält und nicht zu viel Fett. Um sie ganz zu vermeiden, bereiten Sie ein Dressing aus Joghurt, Kräutern, etwas Olivenöl und Essig.

Für 1–2 Portionen

150 g Hörnchennudeln

Salz

100 g Mais aus der Dose

60 g getrocknete Feigen

1/2 grüne Paprikaschote

2 El frisch gehackter Schnittlauch

50 ml Sahne

2 El Salatmayonnaise

Pfeffer

Zubereitungszeit: ca. 15 Minuten (plus Garzeit)
Pro Portion ca. 655 kcal/2751 kJ
17 g E, 17 g F, 105 g KH

Nudelsalat mit Pute und Basilikum

1 Die Nudeln in Salzwasser garen und abkühlen lassen. Die Putenbrust in 1 El heißem Olivenöl von beiden Seiten etwa 3 Minuten braten. Mit Salz und Pfeffer würzen und abkühlen lassen.

2 Die Tomaten achteln. Zwiebel und Knoblauchzehe schälen und fein hacken. Staudensellerie putzen, waschen und in dünne Scheiben schneiden. Die Zutaten bis auf das Fleisch in eine Schüssel geben.

3 Den Aceto mit restlichem Öl, Kapern, 2 El Kapernfond und Gewürzen verrühren und über den Salat geben. Putenbrust in Scheiben schneiden und darüberlegen. Mit Basilikum bestreuen.

Für 1–3 Portionen

125 g Farfalle

Salz, 100 g Putenbrust

4 El Olivenöl

Pfeffer, 2 Tomaten

1 rote Zwiebel

1 Knoblauchzehe

1/2 Stange Staudensellerie

2 El Aceto balsamico

1 El Kapern, Pfeffer

2 El frisch gehacktes Basilikum

Zubereitungszeit: ca. 30 Minuten (plus Zeit zum Garen, Braten und Abkühlen)
Pro Portion ca. 276 kcal/1159 kJ
14 g E, 8 g F, 33 g KH

Für 1–2 Portionen

125 ml Milch

Salz

geriebene Muskatnuss

55 g Couscous (Hartweizengrieß)

2 Fleischtomaten

1/4 Gurke

1/2 El Weißweinessig

3 ml Olivenöl

Pfeffer

Zucker nach Geschmack

1 El frisch gehackte Pfefferminze

Zubereitungszeit: ca. 30 Minuten (plus Zeit zum Kochen, Quellen und Abkühlen)
Pro Portion ca. 218 kcal/915 kJ
5 g E, 10 g F, 25 g KH

Couscous-Salat

1 Milch mit 250 ml Wasser, Salz und einer Prise Muskatnuss zum Kochen bringen. Den Couscous einrühren und bei mittlerer Temperatur etwa 15 Minuten quellen lassen. Abkühlen lassen und durchrühren.

2 Tomaten in Scheiben schneiden. Gurke halbieren und in Scheiben schneiden. Essig mit 3 El Öl, Salz, Pfeffer und Zucker nach Geschmack zu einem Dressing verrühren.

3 Couscous mit Tomaten, Gurken und dem Dressing in einer Schüssel mischen. Mit Pfefferminze garnieren.

Für 1–2 Portionen

100 g Bulgur

3 Frühlingszwiebeln

2 Tomaten

2 El frisch gehackte glatte Petersilie

1 El gehackte Minzeblätter

Saft von 1 Zitrone

2 El Olivenöl

Salz, Pfeffer

Zubereitungszeit: ca. 30 Minuten (plus Zeit zum Garen und Quellen)
Pro Portion ca. 730 kcal/3066 kJ
1 g E, 60 g F, 41 g KH

Tabbouleh

1 Bulgur in 250 ml kochendes Wasser einrühren, etwa 10 Minuten köcheln, 20 Minuten quellen lassen.

2 Frühlingszwiebeln putzen und fein hacken. Die Tomaten enthäuten, Stielansätze und Kerne entfernen und das Fruchtfleisch würfeln.

3 Bulgur mit Zwiebeln, Tomaten und den Kräutern in einer Schüssel mischen. Zitronensaft und Öl verrühren und über den Salat geben. Mit Salz und Pfeffer abschmecken.

Tipp

Couscous und Bulgur werden beide aus Weizen hergestellt. Für Bulgur wird der Weizen vorgekocht, dann getrocknet und die Kleie entfernt. Anschließend wird das Weizenkorn zerkleinert. Bulgur wird vor allem in der arabischen Küche verwendet.

Couscous ist ein Lebensmittel aus der nordafrikanischen Küche. Der Grieß von Weizen, Gerste oder Hirse wird mittels Wasser zu kleinen Kügelchen verrieben.

Hühnchensalat

Für 1–2 Portionen

125 g Hühnchenbrustfilet

1 El Olivenöl

1/2 Galiamelone

1 Möhre

50 g Staudensellerie

75 g kernlose grüne Weintrauben

2 El Honig

100 g Joghurtdressing (Fertigprodukt)

Salz, Pfeffer

1 Tl Currypulver

Zubereitungszeit: ca. 20 Minuten (plus Bratzeit)
Pro Portion ca. 308 kcal/1293 kJ
18 g E, 10 g F, 33 g KH

1 Hühnchenfleisch waschen, trockentupfen und im heißen Öl von beiden Seiten etwa 3 Minuten goldbraun braten. Abkühlen lassen und in Streifen schneiden.

2 Melone und Möhre schälen, Sellerie putzen und waschen, Melone und Gemüse würfeln, die Trauben waschen und halbieren. Salatzutaten miteinander mischen.

3 Aus den restlichen Zutaten ein Dressing bereiten und über den Salat geben. Kühl stellen.

Bayerischer Fleischsalat

Für 1–2 Portionen

50 g Fleischwurst

50 g Krakauer

50 g Schinkenwurst

1 Zwiebel

1 Gewürzgurke

2 EL Pflanzenöl

3 El Weißweinessig

Salz, Pfeffer

1 El frisch gehackte Petersilie

Zubereitungszeit: ca. 15 Minuten
Pro Portion ca. 328 kcal/1377 kJ
11 g E, 30 g F, 3 g KH

1 Die Wurst in dünne Streifen schneiden. Die Zwiebeln schälen und in dünne Ringe schneiden. Gewürzgurke würfeln.

2 Alle Zutaten in einer Schüssel mischen und mit Petersilie bestreuen. Bis zum Verzehr kühlen.

Griechischer Bauernsalat

1 Gurke schälen und in Scheiben schneiden. Paprikaschoten putzen, waschen, entkernen und in Streifen schneiden.

2 Kirschtomaten halbieren. Zwiebel schälen und in dünne Ringe schneiden. Feta würfeln.

3 Die Salatzutaten mit den Oliven in eine Schüssel geben. Aus Essig, Öl, Salz und Pfeffer ein Dressing rühren und über den Salat geben. Mit Petersilie bestreuen

Schlemmer-Tipp

Unter Feta versteht man einen Käse, der in Salzlake gereift ist. Feta wird aus Schafs- oder Ziegenmilch gemacht. Durch seinen intensiv würzigen Geschmack eignet sich Feta gut für Salate oder als Belag von pikanten Kuchen und Waffeln.

Legen Sie in Würfel geschnittenen Feta selbst in Olivenöl und frische oder getrocknete Kräuter ein. So können Sie ihn länger aufbewahren und bei Bedarf als Snack essen oder in den Salat geben. Achten Sie darauf, dass der Käse beim Lagern vollständig mit Öl bedeckt ist.

Für 1–2 Portionen

1/2 Salatgurke

je 1/2 gelbe und rote Paprikaschote

150 g Kirschtomaten

1 Zwiebel, 75 g Feta

50 g schwarze Oliven

1 El Rotweinessig

3 El Olivenöl

Salz, Pfeffer

1 El frisch gehackte Petersilie

Zubereitungszeit: ca. 20 Minuten
Pro Portion ca. 293 kcal/1230 kJ
9 g E, 24 g F, 8 g KH

Thunfischsalat

1 Das Ei schälen und hacken. Zwiebel schälen, Paprika putzen, entkernen, waschen. Das Gemüse und die Gewürzgurke würfeln und in eine Schüssel geben.

2 Den Thunfisch mit einer Gabel zerpflücken und dazugeben.

3 Aus den restlichen Zutaten ein Dressing rühren und über den Salat geben. Bis zum Verzehr kühl stellen.

Für 1–2 Portionen

1 hart gekochtes Ei

1/2 Zwiebel

1/2 rote Paprikaschote

1 Gewürzgurke

100 g Thunfisch aus der Dose (abgetropft)

1 El Mayonnaise

75 g Naturjoghurt

2 El Apfelessig

Salz, Pfeffer

Zubereitungszeit: ca. 15 Minuten
Pro Portion ca. 229 kcal/961 kJ
15 g E, 15 g F, 5 g KH

Suppen

Eine gute Suppe oder ein würziger Eintopf sorgen für Abwechslung bei den Büromahlzeiten. Von der kalten Gemüsesuppe bis zum deftigen Eintopf – selbst zubereitet schmecken sie immer besser als aus der Dose.

Einfach zu Hause vorbereiten und im Büro schnell wieder aufwärmen – einfacher geht's nicht.

Gazpacho

Für 1–2 Portionen

1 1/2 Scheiben Weißbrot

250 g Tomaten

200 g Salatgurke

1/2 rote Paprikaschote

1 Knoblauchzehe

1 El Olivenöl

1 El Sherryessig

250 ml Gemüsesaft

100 ml eisgekühltes Wasser

Salz, Pfeffer

einige Spritzer Tabasco

1 hart gekochtes Ei

Zubereitungszeit: ca. 20 Minuten
Pro Portion ca. 204 kcal/856 kJ
8 g E, 9 g F, 20 g KH

1 Das Brot einweichen. Tomaten häuten und entkernen, Gurke schälen, Paprikaschote putzen und entkernen. Das Gemüse hacken. Knoblauch schälen und fein hacken.

2 2 El Gemüsewürfel beiseitestellen. Restliches Gemüse mit Knoblauch und ausgedrücktem Brot pürieren. Öl, Essig, Gemüsesaft und Wasser zugeben und mit den Gewürzen abschmecken.

3 Das Ei schälen und hacken. Suppe mit Ei- und Gemüsewürfeln garnieren.

Kalte Gurken-Joghurt-Suppe

Für 1–2 Portionen

2 Frühlingszwiebeln

1/2 Salatgurke

Salz

250 g griechischer Joghurt

1 Prise Zucker

Pfeffer

1 El Zitronensaft

1/4 Tl Cayennepfeffer

1/2 Bund frisch gehackter Dill

100 g Räucherlachs

Zubereitungszeit: ca. 20 Minuten
(plus Zeit zum Durchziehen)
Pro Portion ca. 191 kcal/802 kJ
15 g E, 8 g F, 11 g KH

1 Zwiebeln putzen und in dünne Ringe schneiden. Gurke schälen, halbieren, entkernen und in kleine Würfel schneiden. Mit Salz bestreuen und einige Zeit stehen lassen. Das entstehende Wasser abgießen.

2 Den Joghurt in einer Schüssel glatt rühren. Gurkenwürfel, Frühlingszwiebeln und restliche Zutaten bis auf den Lachs zugeben und die Suppe pikant abschmecken. Lachs in Streifen schneiden und die Suppe damit garnieren.

Für 1–2 Portionen

500 g Möhren

1/2 Tl Zwiebel

375 ml Gemüsebrühe

1 El Sesamöl

1/2 El frisch geriebener Ingwer

1 El frisch gehackte glatte Petersilie

Zubereitungszeit: ca. 30 Minuten (plus Gar- und Kochzeit)
Pro Portion ca. 105 kcal/441 kJ
3 g E, 5 g F, 9 g KH

Möhren-Ingwer-Suppe

1 Die Möhren putzen, waschen, schälen und hacken. Die Zwiebel schälen und hacken. Die Brühe erhitzen.

2 Zwiebel und Ingwer im heißen Öl unter Rühren anschmoren, die Möhren hinzufügen und 2 Minuten mitschmoren. Die Brühe angießen und die Suppe etwa 15 Minuten köcheln.

3 Suppe pürieren und erneut erhitzen. Nach Bedarf noch Brühe zugeben. Abschmecken und mit Petersilie bestreuen.

Ingwer

Etwas Ingwer in der Suppe sorgt nicht nur für einen exotischen Geschmack, sondern dient auch der Gesundheit. Ingwer ist die Wurzel einer Pflanze, die vor allem in den Tropen vorkommt. Die geriebene Ingwerwurzel wird vor allem in der Küche Asiens verwendet, weil sie einen scharf-würzigen Geschmack hat.
Medizinisch wird dem Ingwer nachgesagt, dass er antioxidativ und entzündungshemmend wirkt, Speichel-, Gallenbildung und Darmfunktion anregt und so die Verdauung fördert. In der chinesischen Medizin wird Ingwer bei Rheuma, Muskelschmerzen und Ingwertee bei Erkältungen empfohlen.

Für 1–2 Portionen

1 Bund Frühlingszwiebeln

2 Knoblauchzehen

1/2 Stängel Zitronengras

2 kleine Möhren

1/4 Chinakohl

4 Champignons

200 g Hackfleisch

1 Tl frisch geriebener Ingwer

1 El Sojasauce

500 ml Hühnerbrühe

1/2 El Mirin

Zubereitungszeit: ca. 30 Minuten (plus Garzeit)
Pro Portion ca. 299 kcal/1255 kJ
21 g E, 20 g F, 6 g KH

Fleischbällchensuppe

1 Frühlingszwiebeln putzen, Knoblauch, Zitronengras und Möhren schälen, alles fein hacken oder in kleine Würfel schneiden. Chinakohl putzen und in Streifen schneiden. Pilze feucht abreiben und in Scheiben schneiden.

2 Das Hackfleisch mit Knoblauch, Zitronengras, Ingwer, Zwiebeln und 1/2 El Sojasauce mischen und würzen. Aus dem Teig etwa 8 Bällchen formen.

3 Brühe mit restlicher Sojasauce und Mirin aufkochen. Fleischbällchen, Möhren und Pilze darin etwa 7 Minuten köcheln. Chinakohl hinzufügen und mitgaren. Suppe würzig abschmecken.

Serbisches Reisfleisch

1 Fleisch in Würfel schneiden. Zwiebel und Sellerie schälen und hacken bzw. reiben.

2 Fleischwürfel im heißen Öl anbraten, Zwiebeln und Sellerie zugeben und mitschmoren. Tomatenpüree, Paprikapulver und Salz zugeben und 250 ml Brühe angießen. 40 Minuten köcheln.

3 Reis und restliche Brühe zugeben und weitere 20 Minuten garen. Suppe abschmecken, 30 g Gouda unterrühren. Zum Servieren Eintopf mit Petersilie und restlichem Käse bestreuen.

Suppen

Für die Suppe im Büro gilt: Sie sollte viel Gemüse enthalten und nach Möglichkeit sehr farbenfroh sein. Am besten von jeder Farbe eine Gemüsesorte – denn das Auge isst mit. Und je bunter das Essen, desto besser die Nährstoffaufnahme und die Laune: Das haben Wissenschaftler herausgefunden.

Suppen können Sie am Abend vorher zu Hause zubereiten oder schon Tage vorher und einfrieren. In einem fest verschließbaren Behälter mit ins Büro bringen und zu Mittag die Suppe in der Mikrowelle aufwärmen – fertig.

Für 1–2 Portionen

250 g Schweinefleisch

1 Zwiebel

100 g Knollensellerie

1 El Rapsöl

2 El Tomatenpüree

1/2 Tl edelsüßes Paprikapulver

Salz, 750 ml Gemüsebrühe

100 g Langkornreis

40 g frisch geriebener Gouda

Pfeffer

2 El frisch gehackte glatte Petersilie

Zubereitungszeit: ca. 20 Minuten (plus Schmor- und Garzeit)
Pro Portion ca. 525 kcal/2205 kJ
36 g E, 22 g F, 43 g KH

Grüne Bohnensuppe

1 Zwiebel schälen und hacken. Bohnen putzen und waschen, Möhren und Kartoffeln schälen. Gemüse und Kartoffeln klein schneiden. Die Kräuter zusammenbinden.

2 Öl erhitzen und die Zwiebel darin anschmoren. Die Brühe angießen und zum Kochen bringen. Gemüse, Kartoffeln und Kräuter zugeben und etwa 20 Minuten köcheln.

3 Eintopf mit Salz und Pfeffer abschmecken, die Kräuter entfernen. Würstchen in Scheiben schneiden und im Eintopf erhitzen.

Für 1–2 Portionen

1 Zwiebel

200 g grüne Bohnen

250 g Möhren

300 g Kartoffeln

1 Zweig Bohnenkraut

1 Thymianzweig

1 Lorbeerblatt

1 El Sonnenblumenöl

750 ml Fleischbrühe

Salz, Pfeffer

1 Paar Wiener Würstchen

Zubereitungszeit: ca. 30 Minuten (plus Garzeit)
Pro Portion ca. 545 kcal/2289 kJ
26 g E, 33 g F, 32 g KH

Käsecremesuppe mit Lauch

Für 1-2 Portionen

50 g Bergkäse

75 g Bärlauchkäse

1 Knoblauchzehe

1 Zwiebel

1 kleine Lauchstange

2 El Olivenöl

50 ml Weißwein

375 ml Gemüsebrühe

75 g Schmelzkäse

geriebene Muskatnuss

Pfeffer, 75 ml Sahne

1 El Maisstärke

Bärlauchkäse und Lauchringe nach Belieben

Zubereitungszeit: ca. 20 Minuten (plus Kochzeit)
Pro Portion ca. 475 kcal/1995 kJ
15 g E, 38 g F, 14 g KH

1 Die Käsesorten würfeln, Knoblauch und Zwiebel schälen und würfeln. Lauch putzen, waschen und in Ringe schneiden.

2 Zwiebel, Knoblauch und Lauch im heißen Öl unter Rühren weich schmoren. Wein und Brühe angießen und Käsewürfel sowie den Schmelzkäse einrühren. Suppe 15 Minuten köcheln, dann abschmecken.

3 Maisstärke in der Sahne anrühren und die Suppe damit binden. Mit Bärlauchkäsestreifen und Lauchringen nach Belieben verzieren.

Kartoffelsuppe mit Rucola

Für 1–2 Portionen

400 g Kartoffeln

1 Knoblauchzehe

75 g Rucola

700 ml Hühnerbrühe

1 El Olivenöl

Salz, Pfeffer

75 g Schinkenspeck

Parmesan

Zubereitungszeit: ca. 30 Minuten (plus Gar- und Bratzeit)
Pro Portion ca. 296 kcal/1243 kJ
16 g E, 11 g F, 30 g KH

1 Kartoffeln schälen und würfeln. Knoblauch schälen und hacken. Rucola waschen, trockenschütteln und in Streifen schneiden.

2 Die Brühe erhitzen und Kartoffeln sowie Knoblauch darin etwa 15 Minuten garen. Rucola hinzufügen und 2 Minute mitköcheln. Suppe mit dem Öl pürieren. Mit Salz und Pfeffer abschmecken.

3 Speck würfeln und in der Pfanne kross braten. In die Suppe rühren. Parmesan darüberhobeln.

Kräuter

Peppen Sie Ihre Speisen mit frischen Kräutern wie Petersilie, Schnittlauch oder Kresse auf. Das schmeckt nicht nur gut, sondern die Kräuter sind auch echte Muntermacher. Sie enthalten Vitamine, Mineralstoffe und pflanzliches Eiweiß – also genau das, was Sie zum Fitbleiben brauchen.
Kräuter kann man sehr gut einfrieren und hat sie so immer frisch zur Hand.

Bereiten Sie die Kartoffelsuppe statt mit Rucola einmal mit frischem Bärlauch oder Mangold zu.

Süßkartoffel-Suppe mit Chili

Für 1–2 Portionen

1 Zwiebel

1 Knoblauchzehe

1 rote Chilischote

1 El Öl

1/4 Tl Paprikapulver

350 g Süßkartoffeln

500 ml Hühnerbrühe

1 El Crème fraîche

1 El frisch gehackter Schnittlauch

Zubereitungszeit: ca. 25 Minuten (plus Schmor- und Kochzeit)
Pro Portion ca. 253 kcal/1062 kJ
3 g E, 6 g F, 44 g KH

1 Zwiebel und Knoblauch schälen, Chili putzen, entkernen, alles hacken. Das Öl erhitzen und die Zutaten mit dem Paprikapulver darin unter Rühren anschmoren.

2 Die Süßkartoffeln schälen und würfeln. Zu den Gewürzen geben und kurz mitschmoren. Brühe angießen und aufkochen. Die Suppe etwa 20 Minuten köcheln, dann pürieren. Mit Salz und Pfeffer abschmecken, die Crème fraîche auf die Suppe geben und mit Schnittlauch bestreuen.

Chili con Carne

Für 1–2 Portionen

100 g getrocknete Kidneybohnen

1 Zwiebel, 1 Knoblauchzehe

1/2 Dose Mais (60 g)

2 El Pflanzenöl

300 g gemischtes Hackfleisch

Salz, Pfeffer

1 Tl edelsüßes Paprikapulver

1 El Tomatenpüree

1/2 Dose gehackte Tomaten (250 g)

1/2 Tl gemahlener Kreuzkümmel

2 kleine Kartoffeln

einige Spritzer Tabasco

Zubereitungszeit: ca. 30 Minuten (plus Schmor- und Garzeit)
Pro Portion ca. 595 kcal/2499 kJ
34 g E, 37 g F, 29 g KH

1 Die Bohnen über Nacht in Wasser einweichen. Bohnen abgießen und in 1 l Wasser etwa 30 Minuten garen, den Schaum abschöpfen.

2 Zwiebel und Knoblauch schälen und hacken. Mais abtropfen lassen. Das Öl in einem Topf erhitzen und die Zwiebel mit Knoblauch darin schmoren. Hackfleisch zugeben und braten, mit Salz, Pfeffer, Paprikapulver und Tomatenpüree würzen.

3 Die Kartoffeln schälen und in Spalten schneiden.

4 Restliche Zutaten sowie die Bohnen und Kartoffelspalten zugeben, aufkochen und den Eintopf etwa 20 Minuten köcheln. Pikant abschmecken.

Für 1–2 Portionen

- 1 1/2 Zwiebeln
- 1 Knoblauchzehe
- 2 El Olivenöl
- 200 g Rindergulasch
- je 1 rote und grüne Paprika, gewürfelt
- 2 El Mehl
- 750 ml Fleischbrühe
- 1 Tl Rosenpaprika
- 2 El Tomatenpüree
- je 1/2 Tl getrockneter Thymian und Majoran
- 3 El Sahne
- Salz, Pfeffer
- 2 Spritzer Tabasco

Zubereitungszeit: ca. 20 Minuten (plus Schmor- und Garzeit)
Pro Portion ca. 309 kcal/1297 kJ
22 g E, 18 g F, 12 g KH

Gulaschsuppe

1 Zwiebeln und Knoblauch schälen und hacken. Das Öl in einem Topf erhitzen und den Gulasch darin anbraten. Zwiebel und Knoblauch hinzufügen und glasig schmoren. Anschließend gewürfelte Paprika zugeben.

2 Fleisch mit Mehl bestäuben und etwas anrösten. Fleischbrühe angießen, Paprikapulver, Tomatenpüree und Kräuter einrühren und die Suppe etwa 60 Minuten köcheln. Mit Sahne verfeinern und mit Gewürzen und Tabasco abschmecken.

Für 1–2 Portionen

- 3 Frühlingszwiebeln
- 1 Knoblauchzehe
- 1/2 rote Paprikaschote
- 1 El Olivenöl
- 1/2 Tl Kreuzkümmel
- 200 ml pürierte Tomaten (Fertigprodukt)
- 375 ml Gemüsebrühe
- 150 g Kichererbsen aus der Dose
- 1 Tl Aceto balsamico
- 1 Tl Zucker
- Salz, Pfeffer
- 1 El Sahne

Zubereitungszeit: ca. 20 Minuten (plus Schmor- und Kochzeit)
Pro Portion ca. 182 kcal/764 kJ
6 g E, 7 g F, 21 g KH

Tomatensuppe mit Kichererbsen

1 Frühlingszwiebeln putzen und in Ringe schneiden. Knoblauch schälen und hacken. Paprika putzen, entkernen und hacken. Zwiebeln und Knoblauch im heißen Öl andünsten, Paprika und Kreuzkümmel zugeben und mitschmoren.

2 Tomatenpüree und Brühe angießen und aufkochen, etwa 15 Minuten köcheln. Kichererbsen abtropfen lassen. Mit den restlichen Zutaten in die Suppe rühren, mit Salz und Pfeffer abschmecken. Mit Sahne verfeinern.

Tipp

Deftige Eintöpfe mit Fleisch und Hülsenfrüchten belasten den Magen; daher sollten Sie sie nicht in großen Portionen im Büro zu sich nehmen. Ist Ihr Hunger groß, trinken Sie vor dem Essen ein Glas Mineralwasser, das füllt den Magen. Oder essen Sie nach der Suppe noch etwas Obst.

Nach dem Essen sollten Sie im Freien einige Schritte laufen, mindestens 10 bis 15 Minuten lang, besonders, wenn Sie die übrige Zeit im Büro im Sitzen verbringen. Sauerstoff und Bewegung bringen den Kreislauf wieder in Schwung.

Gemüse-Nudel-Eintopf

1 Rucola waschen, trockentupfen und hacken. Knoblauch schälen und hacken. Rucola mit 1 Knoblauchzehe, Parmesan und 2 El Öl pürieren, mit Salz und Pfeffer abschmecken.

2 Zwiebel und Möhren schälen, Lauch putzen und waschen, Zucchini und Paprikaschote putzen, Paprika entkernen. Das Gemüse klein schneiden. Die Kräuter waschen, trockenschütteln und zusammenbinden.

3 Tomaten heiß überbrühen, von Stielansatz, Haut und Kernen befreien und würfeln. Restliches Öl in einem Topf erhitzen. Zwiebeln, Knoblauch und Lauch darin anschmoren. Die Brühe angießen.

4 Restliches Gemüse bis auf die Tomaten und die Kräuter hinzufügen und den Eintopf etwa 5 Minuten köcheln. Die Nudeln zugeben und weitere 10 Minuten garen.

5 Nach Ende der Garzeit die Tomatenwürfel in den Eintopf geben. Kräuter entfernen und mit Salz, Pfeffer, Paprikapulver und Tomatenpüree abschmecken. Nudeleintopf mit dem Rucola-Pesto garnieren.

Tipp

Zu einer ausgewogenen Ernährung gehören mindestens fünf Obst- und Gemüsemahlzeiten über den Tag verteilt. Die jeweilige Menge braucht nicht mehr als eine Handvoll zu sein. Auch ein Glas Obst- oder Gemüsesaft zwischendurch kann es sein.

Wenn Sie beim Gemüse-Nudel-Eintopf Lust auf andere Gemüsesorten haben, probieren Sie ruhig mal etwas Neues aus. Oder verfeinern Sie ihn mit Hühnchenfleisch oder Fisch. Die Kombination von pflanzlichem und tierischem Eiweiß ist ernährungsphysiologisch besonders wertvoll.

Für 1–2 Portionen

30 g Rucola

2 Knoblauchzehen

20 g frisch geriebener Parmesan

3 El Olivenöl, Salz, Pfeffer

1 Zwiebel, 150 g Möhren

1 Lauchstange

150 g Zucchini

150 g gelbe Paprikaschote

je 1 Zweig frischer Thymian, Rosmarin und Petersilie

1 Lorbeerblatt, 2 Tomaten

750 ml Gemüsebrühe

150 g Spiralnudeln

edelsüßes Paprikapulver

1 El Tomatenpüree

Zubereitungszeit: ca. 30 Minuten (plus Schmor- und Garzeit)
Pro Portion ca. 475 kcal/1995 kJ
19 g E, 14 g F, 65 g KH

Für 1–2 Portionen

125 g grüne Linsen, über Nacht eingeweicht

300 g Kartoffeln

200 g Möhren

1 Lauchstange

750 ml Gemüsebrühe

150 g Cabanossi

1/4 Tl getrockneter Majoran

Salz, Pfeffer

1/2 El Apfelessig

1 El frisch gehackte Petersilie

Zubereitungszeit: ca. 30 Minuten (plus Einweich- und Kochzeit)
Pro Portion ca. 685 kcal/2877 kJ
32 g E, 34 g F, 59 g KH

Linseneintopf

1 Linsen abgießen und in etwa 500 ml Wasser etwa 30 Minuten garen, abschäumen und abgießen. Kartoffeln und Möhren schälen und würfeln. Lauch putzen, waschen und in Ringe schneiden.

2 Die Brühe in einem Topf aufkochen, Kartoffeln, Gemüse und Linsen zugeben und etwa 20 Minuten köcheln. Die Cabanossi in Scheiben schneiden und in den Eintopf geben. Mit Majoran, Salz, Pfeffer und Essig abschmecken. Mit Petersilie bestreuen.

Serbische Bohnensuppe

Für 1–2 Portionen

100 g getrocknete weiße Bohnen, über Nacht eingeweicht

1 Zwiebel, 1 Knoblauchzehe

1 grüne Paprikaschote

1 Debrecziner

75 g Räucherspeck

200 g gehackte Tomaten aus der Dose

1/2 El Rosmarinnadeln

je 1/2 Tl edelsüßes und scharfes Paprikapulver

Salz, Pfeffer

2 El geschlagene Sahne

Zubereitungszeit: ca. 20 Minuten (plus Einweich-, Schmor- und Kochzeit)
Pro Portion ca. 309 kcal/1297 kJ
23 g E, 11 g F, 26 g KH

1 Bohnen abgießen und in etwa 500 ml Wasser etwa 30 Minuten garen, abschäumen. Zwiebel und Knoblauch schälen und hacken. Paprika putzen, entkernen, waschen und würfeln.

2 Debrecziner in Scheiben schneiden. Speck würfeln und in einem Topf auslassen. Zwiebel und Knoblauch darin anschmoren, Paprikawürfel zugeben, mitschmoren.

3 Bohnen mit Kochwasser, Tomaten mit Saft in den Topf geben, Rosmarin, Paprikapulver, Salz und Pfeffer einrühren und den Eintopf etwa 20 Minuten köcheln. Wurstscheiben in der Suppe erwärmen. Sahne auf die Suppe geben.

Herzhafte Waffeln und Muffins

Herzhafte Waffeln und Muffins – das ist mal etwas anderes. Lassen Sie sich überraschen, wie vielfältig die Zubereitung sein kann. Mit Gemüse, Käse und Fisch schmecken Waffeln und Muffins unvergleichlich gut – und Sie können ohne Bedenken für Ihre Kollegen welche mitmachen. Gegessen werden sie auf jeden Fall, denn sie schmecken auch kalt.

Für 2 Waffeln

25 g Butter, 1 Ei

60 g Vollkornmehl

1 Tl Weinsteinbackpulver

1 Prise Salz, 30 ml Milch

60 g Roquefort

20 ml Sahne

einige Spritzer Zitronensaft

Salz, Pfeffer

1 El gehackte Walnüsse

Fett für das Waffeleisen

Zubereitungszeit: 15 Minuten (plus Backzeit)
Pro Portion ca. 419 kcal/1759 kJ
15 g E, 30 g F, 21 g KH

Vollkornwaffeln mit Roquefort

1 Aus Butter, Ei, Mehl, Backpulver, Salz und Milch einen Waffelteig bereiten. Das Waffeleisen vorheizen.

2 Roquefort mit einer Gabel zerdrücken. Sahne und restliche Zutaten mit dem Käse verrühren.

3 Waffeleisen einfetten und zwei Waffeln backen. Mit der Roquefortcreme servieren.

Für 2 Waffeln

25 g Butter, 1 Ei, 75 g Mehl

1/2 Tl Backpulver

Salz, 40 ml Gemüsebrühe

30 g rote Paprikawürfel

je 1/2 El frisch gehackter Schnittlauch, Dill, Petersilie

1/2 El Kresse, 2 El Öl

Fett für das Waffeleisen

Frühlingsquark

100 g Magerquark

2 El Milch, 1 El Rapsöl

50 g Salatgurke, 2 Radieschen

1 Frühlingszwiebel

1/2 Apfel, 1/2 El frisch gehackter Liebstöckel

Salz, Pfeffer

Zubereitungszeit: ca. 20 Minuten (plus Backzeit)
Pro Portion ca. 486 kcal/2041 kJ
17 g E, 30 g F, 35 g KH

Kräuterwaffeln mit Frühlingsquark

1 Aus Butter, Ei, Mehl, Backpulver und 1 Prise Salz einen Teig bereiten, die Gemüsebrühe zugeben und die restlichen Zutaten außer Öl unter den Teig mischen. Das Waffeleisen vorheizen.

2 Quark mit Milch und Öl glatt rühren. Gurke schälen und reiben, Radieschen putzen, waschen und in Scheiben schneiden, Frühlingszwiebel putzen und hacken. Apfel waschen und reiben. Alle Zutaten für den Quark gut miteinander verrühren.

3 Waffeleisen einfetten und nacheinander zwei Waffeln backen.

Volkornprodukte

Vollkornprodukte enthalten neben vielen wichtigen Nährstoffen auch Kohlenhydrate. Dazu gehört die Glukose, die in der Cellulose des Getreides enthalten ist. Glukose ist auch als Traubenzucker bekannt. Das Gehirn braucht Glucose zur Energiegewinnung (etwa 180 bis 200 g täglich), außerdem sind rote Blutkörperchen und das Nierenmark bei ihrer Arbeit darauf angewiesen. Im Unterschied zum Zucker, der in Süßigkeiten enthalten ist, wird Glukose nicht so schnell abgebaut, sodass die Energiezufuhr konstant erhalten bleibt.

Nudelmuffins

Für 2 Portionen (4 Muffins)

70 g Hörnchennudeln
Salz, 50 g TK-Erbsen
1 El Öl
1 Frühlingszwiebel, gehackt
1/2 Knoblauchzehe, gehackt
50 g Champignons, gehackt
25 g gekochter Schinken, gehackt
1 El frisch gehackter Kerbel
Pfeffer, 1 El Paniermehl
1 Ei, 70 ml Sahne
30 g frisch geriebener Emmentaler
Öl für das Muffinblech

Zubereitungszeit: ca. 30 Minuten (plus Gar- und Backzeit)
Pro Portion ca. 395 kcal/1659 kJ
19 g E, 20 g F, 33 g KH

1 Nudeln in Salzwasser bissfest garen. Die Erbsen 3 Minuten vor Ende der Garzeit zu den Nudeln geben. Öl erhitzen und die Zwiebeln mit Knoblauch und Champignons andünsten.

2 Schinken würfeln und mit den abgegossenen Nudeln und Erbsen unter die Pfannenmischung rühren. Würzen.

3 Die Nudelmasse in vier gefettete und mit Paniermehl ausgestreute Mulden eines Muffinblechs verteilen. Ei und Sahne verrühren und darübergeben. Mit Käse bestreuen. Muffins im vorgeheizten Backofen bei 170 °C (Umluft 150 °C) etwa 30 Minuten backen.

Muffins mit Shrimps

Für 2 Portionen

25 g Butter
50 g Mehl
1 Tl Backpulver
1 Prise Salz
1 Ei
30 ml Hühnerbrühe
75 g gekochte Shrimps
1 El frisch gehackter Dill
Pfeffer
1/2 Tl edelsüßes Paprikapulver
Öl für das Blech

Zubereitungszeit: ca. 20 Minuten (plus Backzeit)
Pro Portion ca. 312 kcal/1310 kJ
13 g E, 19 g F, 19 g KH

1 Die Butter und alle trockenen Zutaten mischen. Das Ei und die Gemüsebrühe unterheben. Shrimps und Dill unter den Teig mischen und mit Pfeffer und Paprikapulver würzen.

2 Den Teig in vier gefettete Mulden eines Muffinblechs verteilen. Im vorgeheizten Backofen bei 170 °C (Umluft 150 °C) etwa 30 Minuten backen.

Texas-Muffins

1 Aus den Zutaten außer 10 ml Chilisauce, Bohnen und Käse einen Fleischteig zubereiten und in vier gefettete Mulden eines Muffinblechs setzen. In die Mitte eine Mulde drücken. Muffins im vorgeheizten Backofen bei 200 °C (Umluft 180 °C) etwa 10 Minuten backen.

2 Bohnen mit restlicher Chilisauce mischen, in die Mulden der Muffins geben, mit Käse bestreuen und weiter 10 Minuten backen. Abkühlen lassen.

Muffins

Muffins schmecken kalt und warm. Daher können Sie sie schon vorher zubereiten und mit ins Büro nehmen. Sicher freuen sich Ihre Arbeitskollegen, wenn sie auch welche bekommen. Dann verdoppeln oder verdreifachen Sie die Zutatenmenge einfach.
Muffinförmchen aus Papier, die einfach in das Muffinblech gesetzt werden, sparen das Einfetten und Säubern des Blechs. Außerdem sind sie besonders praktisch, weil man die Muffins so hygienischer weitergeben kann.

Für 2 Portionen

1/2 Zwiebel, gehackt

220 g gemischtes Hackfleisch

50 ml Chilisauce

1/4 Tl Chilipulver

1 Ei

Salz, Pfeffer

50 g Kidneybohnen aus der Dose

10 g frisch geriebener Cheddar

Fett für das Muffinblech

Zubereitungszeit: ca. 15 Minuten (plus Backzeit)
Pro Portion ca. 384 kcal/1604 kJ
28 g E, 25 g F, 10 g KH

Muffins mit Thunfisch und Zucchini

1 Frühlingszwiebeln putzen und in Ringe schneiden. Thunfisch abtropfen lassen und zerkleinern. Zucchini putzen und fein reiben.

2 Mehl mit Backpulver, Gewürzen und Zwiebeln mischen. Restliche Zutaten miteinander verrühren und unter die Mehlmischung heben.

3 Teig in 4 Muffinförmchen füllen und im vorgeheizten Ofen bei 180 °C (Umluft 160 °C) etwa 20 Minuten backen.

Für 2 Portionen

2 Frühlingszwiebeln

50 g Thunfisch aus der Dose

1/4 Zucchini

50 g Mehl

1 Tl Backpulver

Salz, Pfeffer

1 Ei

15 g Butter

20 g Crème fraîche

Fett für das Muffinblech

Zubereitungszeit ca. 20 Minuten (plus Backzeit)
Pro Portion ca. 335 kcal/1407 kJ
12 g E, 21 g F, 23 g KH

Für 2–3 Portionen

50 g Frühstücksspeck

1 Ei

125 ml Milch

30 g frisch geriebener Emmentaler

100 g Mehl

1 Tl Backpulver

1/4 Tl edelsüßes Paprikapulver

Salz, Pfeffer

1 El frisch gehackte Petersilie

Fett für das Waffeleisen

Zubereitungszeit: ca. 15 Minuten (plus Brat- und Backzeit)
Pro Portion ca. 237 kcal/995 kJ
13 g E, 8 g F, 26 g KH

Brotzeitwaffeln

1 Speck würfeln und in der Pfanne rösten. Ei mit Milch und Käse verquirlen. Mehl mit Backpulver unterheben und mit den Gewürzen abschmecken. Speck und Petersilie unterheben.

2 Waffeleisen vorheizen, einfetten und nacheinander 3 Waffeln backen.

Für 2 Portionen

1 Ei

20 g Butter

60 g Mehl

1 Tl Backpulver

60 ml Milch

20 g Kürbiskerne

Salz

1 Tl Kürbiskernöl

Fett für das Waffeleisen

Zubereitungszeit: ca. 15 Minuten (plus Backzeit)
Pro Portion ca. 300 kcal/1260 kJ
10 g E, 17 g F, 25 g KH

Kürbiskernwaffeln

1 Alle Zutaten miteinander zu einem glatten Teig verrühren. Mit Kürbiskernöl aromatisieren.

2 Das Waffeleisen vorheizen, einfetten und nacheinander 2–3 Waffeln backen.

Kürbis

Kürbisse sind gute Energiespender, ebenso die Kerne. Sie enthalten Aminosäuren, Mangan, Kupfer, Zink, ungesättigte Fettsäuren und besonders Vitamin E. Aus den gerösteten Kernen wird das bekannte Kürbiskernöl hergestellt. Kürbiskerne haben außerdem eine gute Heilwirkung bei Blasen- und Prostatabeschwerden, sie wirken harntreibend und entzündungshemmend. Bereiten Sie die Waffeln außerdem mit etwas geriebenem Kürbisfruchtfleisch oder Möhren zu.

Für 2 Portionen

25 g Butter

1 Ei

70 g Mehl

1 Tl Backpulver

50 ml Milch

75 g Cabanossi

Salz, Pfeffer

Fett für das Waffeleisen

Zubereitungszeit: ca. 15 Minuten (plus Backzeit)
Pro Portion ca. 446 kcal/1873 kJ
14 g E, 31 g F, 27 g KH

Cabanossi-Waffeln

1 Butter mit Ei schaumig rühren. Mehl mit Backpulver mischen. Cabanossi fein würfeln. Alle Zutaten miteinander zu einem glatten Teig vermischen und mit Salz und Pfeffer abschmecken.

2 Waffeleisen vorheizen, einfetten und nacheinander 2–3 Waffeln backen.

Für 2 Portionen

60 g Mehl

1 Tl Backpulver

20 g Butter

1 Ei

60 g Knollensellerie

Salz, Pfeffer

1 Prise Cayennepfeffer

60 ml Gemüsebrühe

1 El frisch gehackte Petersilie

Fett für das Waffeleisen

Zubereitungszeit: ca. 20 Minuten (plus Backzeit)
Pro Portion ca. 241 kcal/1012kJ
7 g E, 12 g F, 24 g KH

Selleriewaffeln

1 Mehl und Backpulver mischen. Butter mit Ei schaumig rühren. Sellerie schälen und fein reiben. Mit Butter und Ei unter das Mehl mischen und mit Gewürzen abschmecken.

2 So viel Brühe unterheben, dass ein glatter Teig entsteht. Petersilie unterheben.

3 Waffeleisen vorheizen, einfetten und 2–3 goldbraune Waffeln backen. Mit Kräuterquark servieren.

Pizzawaffeln

1 Die Butter mit dem Ei schaumig rühren. Das Mehl mit Backpulver mischen. Mit der Buttermischung verrühren und das Wasser zugeben.

2 Salami und Schinken in feine Streifen schneiden. Zwiebel und Knoblauch schälen und hacken. Tomate vom Stielansatz befreien und fein hacken.

3 Die Zutaten unter den Waffelteig mischen, Käse einrühren und mit Salz, Pfeffer und Oregano abschmecken. Das Waffeleisen vorheizen.

4 Waffeleisen mit Olivenöl einfetten und nacheinander 2–3 Pizzawaffeln backen.

Tipp

Ebenso vielfältig, wie Sie eine Pizza belegen können, können Sie bei der Zubereitung dieser Waffeln vorgehen. Lassen Sie zum Beispiel Salami und Schinken weg und rühren Sie gehackte Oliven, Kapern und Sardellen in den Teig. Ersetzen Sie den Gouda durch geriebenen, geräucherten Mozzarella oder Pecorino.

Backen Sie aus dem Teig Pfannkuchen, wenn Sie kein Waffeleisen haben und mischen Sie noch etwas Tomatenmark in den Teig.

Für 2 Portionen

25 g Butter

1 Ei, 60 g Mehl

1 Tl Backpulver

50 ml Wasser

50 g Salami

50 g gekochter Schinken

1/2 Zwiebel

1 Tomate

1 Knoblauchzehe

20 g frisch geriebener Gouda

Salz, Pfeffer

1/2 Tl getrockneter Oregano

Olivenöl für das Waffeleisen

Zubereitungszeit: ca. 25 Minuten (plus Backzeit)
Pro Portion ca. 465 kcal/1953 kJ
20 g E, 31 g F, 25 g KH

Salami-Muffins

Für 2 Portionen

35 g Mehl

50 g Maisgrieß

1 Tl Backpulver

1 Ei

40 ml Buttermilch

2 El Pflanzenöl

75 g Salami

Salz, Pfeffer

Fett für das Muffinblech

Zubereitungszeit: ca. 20 Minuten (plus Backzeit)
Pro Portion ca. 426 kcal/1789 kJ
15 g E, 25 g F, 33 g KH

1 Mehl, Maisgrieß und Backpulver mischen. Das Ei trennen. Eigelb mit Buttermilch und Öl mischen. Eiweiß mit etwas Salz steif schlagen.

2 Mehlmischung mit der Buttermilchmasse verrühren. Salami würfeln und zugeben. Mit Salz und Pfeffer abschmecken. Den Eischnee unterheben.

3 Muffinteig in ein gefettetes Muffinblech geben und im vorgeheizten Backofen bei 180 °C (Umluft 180 °C) etwa 20 Minuten backen. Nach 15 Minuten je eine Salamischeibe auf die Muffins legen und mitbacken.

Muffins Tricolore

Für 2 Portionen

85 g Mehl

1 Tl Backpulver

1 Ei

2 El Olivenöl

40 ml Milch

1/2 grüne Paprikaschote

3 Kirschtomaten

25 g Mozzarella

Salz, Pfeffer

1/4 Tl getrockneter Thymian

Fett für das Muffinblech

Zubereitungszeit: ca. 20 Minuten (plus Backzeit)
Pro Portion ca. 307 kcal/1289 kJ
12 g E, 12 g F, 36 g KH

1 Die ersten 5 Zutaten miteinander mischen. Paprikaschote putzen, entkernen und fein würfeln. Tomaten würfeln. Mozzarella in Würfel schneiden.

2 Die drei Zutaten unter den Muffinteig mischen und mit Salz, Pfeffer und Thymian würzen.

3 Ein Muffinblech einfetten. Den Teig hineinfüllen und im vorgeheizten Backofen bei 180 °C (Umluft 160 °C) backen.

Käsemuffins

1 Mehl mit Backpulver, Kräutern und Parmesan mischen. Joghurt mit zerlassener Butter und Ei glatt rühren und unter die Mehlmischung heben. Würzen.

2 Das Muffinblech einfetten. Den Teig in vier Mulden füllen und im vorgeheizten Backofen bei 180 °C (Umluft 160 °C) in 25 Minuten goldbraun backen.

Schlemmer-Tipp

Verfeinern Sie die Käsemuffins statt mit Salbei und Petersilie mit vielen gemischten Kräutern, wie es sie zum Beispiel als Fertigmischung für Grüne Sauce gibt, oder ersetzen Sie den Joghurt durch Kräuterquark.

Streuen Sie vor dem Backen noch einige schwarze Sesamkörner oder eine Körnermischung auf die mediterranen Muffins. Italienfans mischen fein gewürfelten Parmaschinken hinein.

Für 2 Portionen

85 g Mehl

1 Tl Backpulver

1 gehacktes Salbeiblatt

1 El frisch gehackte Petersilie

2 El frisch geriebener Parmesan

150 g Naturjoghurt

25 g Butter

1 Ei

Salz, Pfeffer

Fett für das Muffinblech

Zubereitungszeit: ca. 15 Minuten (plus Backzeit)
Pro Portion ca. 365 kcal/1533 kJ
12 g E, 18 g F, 35 g KH

Mediterrane Muffins

1 Mehlsorten und Backpulver mit den Kräutern mischen. Ei mit Öl und Milch glatt rühren. Die Oliven hacken, mit Zucchini und Pilzen mischen. Alle Zutaten miteinander verrühren und mit Salz und Pfeffer würzen.

2 Teig in ein gefettetes Muffinblech füllen und im vorgeheizten Backofen bei 180 °C (Umluft 160 °C) etwa 20 Minuten backen.

Für 2 Portionen

50 g Weizenmehl

30 g Roggenmehl

1 Tl Backpulver

1 Tl Kräuter der Provence

1 Ei, 2 El Olivenöl

60 ml Milch

20 g schwarze Oliven ohne Stein

30 g geriebene Zucchini

30 g gehackte Champignons

Salz, Pfeffer

Fett für das Muffinblech

Zubereitungszeit: ca. 15 Minuten (plus Backzeit)
Pro Portion ca. 333 kcal/1398 kJ
9 g E, 18 g F, 32 g KH

Für 1–2 Portionen

1 Handvoll Spinatblätter

1/2 rote Paprikaschote, fein gehackt

25 g Butter

1 Ei

60 g Mehl

1 Tl Backpulver

60 ml Gemüsebrühe

Salz, Pfeffer

Fett für das Waffeleisen

Zubereitungszeit: ca. 15 Minuten (plus Backzeit)
Pro Portion ca. 266 kcal/1117 kJ
8 g E, 14 g F, 25 g KH

Spinatwaffeln

1 Spinat waschen, trockenschütteln und in Streifen schneiden. Mit der Paprikaschote mischen. Butter mit Ei schaumig rühren. Mehl mit Backpulver mischen.

2 Alle Zutaten miteinander zu einem Teig verarbeiten und mit Salz und Pfeffer abschmecken.

3 Waffeleisen vorheizen, einfetten und nacheinander 2–3 Waffeln backen.

Für 1–2 Portionen

25 g Butter

1 Ei

60 g Dinkelvollkornmehl

1 Tl Weinsteinbackpulver

50 g geriebene Möhren

50 g geriebener Apfel

1/4 Tl Zimt

1 El Kokosflocken

1 El Rosinen

30 ml Milch nach Bedarf

Fett für das Waffeleisen

Zubereitungszeit: ca. 15 Minuten (plus Backzeit)
Pro Portion ca. 311 kcal/1306 kJ
8 g E, 18 g F, 27 g KH

Frühstückswaffeln

1 Butter und Ei schaumig rühren. Mehl mit Backpulver mischen. Restliche Zutaten miteinander mischen. Alle Zutaten zu einem Teig verarbeiten. Nach Bedarf etwas Milch zugeben.

2 Waffeleisen vorheizen, einfetten und nacheinander 2–3 knusprige Waffeln backen.

Schlemmer-Tipp

Arbeiten Sie noch etwas fein gewürfelten Schafskäse in den Teig für die Spinatwaffeln ein. Auch gehackte Pinienkerne schmecken gut darin. Wenn Sie möchten, ersetzen Sie den Spinat durch Brokkoliröschen oder in Ringe geschnittenen Lauch.

Die Frühstückswaffeln sind für alle diejenigen gedacht, die zum Frühstück lieber etwas Süßes essen. Statt der Möhren und Äpfel können Sie auch Trockenobst verwenden. Trockenobst ist der Energielieferant schlechthin.

Muffins mit Schafskäse

1 Die beiden Käsesorten miteinander mischen. Mehl mit Backpulver und Kräutern mischen. Joghurt mit Olivenöl und Ei glatt rühren.

2 Alle Zutaten miteinander vermischen und mit Salz und Pfeffer abschmecken.

3 Teig in ein gefettetes Muffinblech füllen und im vorgeheizten Backofen bei 180 °C (Umluft 160 °C) etwa 20 Minuten backen.

Schlemmer-Tipp

Bereiten Sie die Muffins mit Schafskäse doch einmal mit Vollkornmehl zu und ersetzen Sie den Joghurt durch Quark mit Kräutern, Paprika oder getrockneten Tomaten.

Probieren Sie Muffins auch einmal mit Sauerteig: dazu 50 g Sauerteig mit den flüssigen Zutaten verrühren, dann mit Mehl und Backpulver zu einem festen Teig verarbeiten. Natursauerteig ist lange haltbar. Sie können ihn also auf Vorrat einkaufen.

Für 2 Portionen

25 g Schafskäse

25 g Doppelrahm-Frischkäse

85 g Mehl

1 Tl Backpulver

1 Tl Kräuter der Provence

100 g griechischer Joghurt

2 El Olivenöl

1 Ei

Salz, Pfeffer

Fett für das Muffinblech

Zubereitungszeit: ca. 15 Minuten (plus Backzeit)
Pro Portion ca. 344 kcal/1444kJ
13 g E, 17 g F, 34 g KH

Paprika-Muffins

1 Mehl und Backpulver mischen. Ei mit Öl und Milch glatt rühren. Die Paprikaschoten würfeln und zuletzt unter den Teig heben. Mit Salz und Pfeffer würzen.

2 Teig in ein gefettetes Muffinblech füllen und im vorgeheizten Backofen bei 180 °C (Umluft 160 °C) etwa 20 Minuten backen.

Für 2 Portionen

85 g Mehl

1 Tl Backpulver

1 Ei

25 ml Pflanzenöl

60 ml Milch

je 30 g grüne, gelbe und rote Paprikaschoten

Salz, Pfeffer

Fett für das Muffinblech

Zubereitungszeit: ca. 15 Minuten (plus Backzeit)
Pro Portion ca. 334 kcal/1402 kJ
9 g E, 17 g F, 34 g KH

Gerichte, die warm und kalt schmecken

Oft wird in der Mittagspause schnell etwas heruntergeschlungen, man geht zur Imbissbude, in die Kantine oder um die Ecke zum Italiener. Typisch dafür ist: viele Kalorien, wenig Vitalstoffe.

Probieren Sie einmal unsere Gerichte. Sie schonen Ihren Magen, die Figur und den Geldbeutel nachhaltig – außerdem schmecken sie superlecker.

Hirseburger

Für 1–2 Portionen

1/2 Zwiebel

1/2 Knoblauchzehe

1/2 Möhre

1/2 Lauchstange

1 El Butter , 60 g Hirse

125 ml Gemüsebrühe

Salz, Pfeffer

Cayennepfeffer nach Geschmack

1/4 Tl getrockneter Majoran

1 Ei

Paniermehl zum Binden

1/2 Bund frisch gehackter Dill

Pflanzenfett zum Braten

Zubereitungszeit: ca. 20 Minuten (plus Koch-, Quell- und Bratzeit)
Pro Portion ca. 253 kcal/1062 kJ
10 g E, 9 g F, 29 g KH

1 Zwiebel, Knoblauch und Möhre schälen, Lauch putzen, waschen, alles fein hacken und in der heißen Butter unter Rühren andünsten. Hirse waschen und abtropfen lassen. Unter das Gemüse rühren und mitschmoren.

2 Gemüsebrühe angießen, Gewürze und Majoran unterrühren. Die Masse etwa 10 Minuten schmoren. Bei ausgeschalteter Herdplatte 20 Minuten quellen lassen. Das Ei unterrühren.

3 Hirsemischung binden, falls notwendig, Dill unterheben. Kleine Burger formen und im heißen Fett goldbraun backen.

Gefüllte Frikadellen mit Tofu

Für 1–2 Portionen

1/2 Zwiebel

1/2 Brötchen vom Vortag, eingeweicht

200 g gemischtes Hackfleisch

1 Ei

Salz, Pfeffer

1/4 Tl edelsüßes Paprikapulver

1/2 El frisch gehackter Koriander

50 g Tofu

2 El Pflanzenöl

Zubereitungszeit: ca. 15 Minuten (plus Bratzeit)
Pro Portion ca. 458 kcal/1923 kJ
28 g E, 31 g F, 15 g KH

1 Zwiebel schälen und hacken. Brötchen ausdrücken, mit Zwiebel, Hackfleisch, Ei und den Gewürzen zu einem Teig verarbeiten. Koriander unterheben.

2 Aus dem Teig etwa 4 Frikadellen formen. Den Tofu würfeln und in jede Frikadelle ein bis zwei Tofuwürfel drücken. Im heißen Öl knusprig goldbraune Frikadellen braten. Dazu passt eine süßsaure Sauce.

Gefüllte Zucchini

Für 2 Portionen

1 mittelgroße Zucchini

50 g gekochter Reis

1/2 Dose gewürfelte Tomaten

je 1/4 Tl getrockneter Thymian, Oregano

Salz, Pfeffer

2 El frisch geriebener Ziegenkäse

1 El Öl

Zubereitungszeit: ca. 20 Minuten (plus Blanchier- und Garzeit)
Pro Portion ca. 179 kcal/751 kJ
5 g E, 7 g F, 22 g KH

1 Die Zucchini putzen, halbieren und aushöhlen. Die Hälften etwa 1 Minuten in kochendem Wasser blanchieren. Die Hälfte des Fruchtfleischs fein hacken und mit den restlichen Zutaten mischen.

2 Die Mischung in die Zucchinihälften füllen, diese im Dampfgarer etwa 30 Minuten dämpfen oder in einer Tomatensauce etwa 30 Minuten schmoren.

Gefüllte Paprikaschoten

Für 2 Portionen

2 Paprikaschoten

1/2 Zucchini, 1 Tomate

1 Zwiebel, gehackt

1 Knoblauchzehe, gehackt

1 El Olivenöl

100 g gekochter Reis

Salz, Pfeffer

1 El frisch gehackte Petersilie

4 El Quark

4 El frisch geriebener Parmesan

2 El Schafskäse, zerbröckelt, 1 Ei

Zubereitungszeit: ca. 30 Minuten (plus Schmor- und Garzeit)
Pro Portion ca. 413 kcal/1734 kJ
18 g E, 15 g F, 49 g KH

1 Paprikaschoten putzen, waschen, einen Deckel abschneiden und die Kerne entfernen. Zucchini putzen und reiben, Tomaten putzen und achteln. Beides mit der Zwiebel und dem Knoblauch im heißen Öl anschmoren. Abkühlen lassen.

2 Die restlichen Zutaten mit dem Gemüse mischen und in die Paprikaschoten füllen. Paprikaschoten im Dampfgarer etwa 25 Minuten garen oder in einer Tomatensauce etwa 40 Minuten schmoren.

Tipp

Diese beiden Gerichte können Sie gut zu Hause vorbereiten und im Büro in der Mikrowelle aufwärmen, wenn Sie sie nicht kalt essen wollen.

Grüne Paprikaschoten enthalten sehr viel Vitamin C, A und Kalium, mehr Vitamin C als eine Orange, jedoch weniger als eine rote Paprikaschote. Wechseln Sie daher ab zwischen grünen, gelben und roten gefüllten Paprikaschoten.
Darüberhinaus wird der Gemüsepaprika harntreibende, verdauungsfördernde und antiseptische Wirkung nachgesagt.

Asiatische Gemüsepfanne

Für 1–2 Portionen

- **150 g Reis**
- **Salz**
- **2 Möhren**
- **1 Zucchini**
- **200 g Chinakohl**
- **100 g grüne Bohnen**
- **100 g Sojasprossen**
- **1 Knoblauchzehe**
- **1 cm frisch geriebener Ingwer**
- **1 El Pflanzenöl**
- **130 ml Gemüsebrühe**
- **1 El Sojasauce**
- **1 El Maisstärke**

Zubereitungszeit: ca. 25 Minuten (plus Gar- und Schmorzeit)
Pro Portion ca. 425 kcal/1785 kJ
13 g E, 7 g F, 75 g KH

1 Den Reis nach Anweisung in Salzwasser garen. Gemüse putzen, waschen und in Scheiben bzw. 2 cm lange Stücke schneiden. Den Chinakohl in Streifen schneiden. Sprossen waschen und abtropfen lassen. Knoblauch schälen und hacken.

2 Öl im Wok erhitzen und zuerst Knoblauch und Ingwer, dann das restliche Gemüse anschmoren. Zuletzt Chinakohl und Sojasprossen hinzufügen. Gemüse aus dem Wok nehmen und die flüssigen Zutaten hineingeben.

3 Maisstärke in Wasser anrühren, die Sauce binden. Gemüse und gegarten Reis unterheben.

Schlemmertipp

Die asiatische Gemüsepfanne können Sie kalt auch gut als Salat essen. Lassen Sie die Brühe und die Maisstärke weg und bereiten Sie ein Dressing aus 3 El Walnussöl und 3 El Reisweinessig. Abgekühlten Reis und Gemüse mit dem Dressing mischen.

Versuchen Sie den Hähnchenspieß mit Mandarinen. Dazu Mandarinen aus der Dose abtropfen lassen und abwechselnd mit Fleisch und Sellerie auf die Spieße stecken.

Hähnchenspieß mit Mandeln

Für 1 Portion

- **150 g Hühnchenbrustfilet**
- **Salz, Pfeffer**
- **1 El gehackte Mandeln**
- **1/2 Stange Staudensellerie**
- **2 El Olivenöl**
- **100 ml Hühnerbrühe**
- **2 El frisch geriebener Käse**

Zubereitungszeit: ca. 15 Minuten (plus Brat- und Schmorzeit)
Pro Portion ca. 357 kcal/1499 kJ
43 g E, 18 g F, 5 g KH

1 Das Fleisch waschen, trockentupfen und in Würfel schneiden. Mit Salz und Pfeffer würzen und in den Mandeln wenden.

2 Sellerie putzen, waschen und in Würfel schneiden. Abwechselnd mit dem Hühnchenfleisch auf zwei Holzspieße stecken. Im heißen Öl in der Pfanne von allen Seiten etwa 3 Minuten braten.

3 Brühe angießen und Spieße etwa 10 Minuten darin garen. Käse über die Spieße streuen und abgedeckt schmelzen lassen.

Spinat-Schafskäse-Quiche

Für 1 Springform (22 cm Ø)

Teig

150 g Mehl, 100 g Butter

1/2 Tl Salz, 1 Ei

Belag

400 g Blattspinat

1 Zwiebel

1 Knoblauchzehe

1 El Olivenöl

Salz, Pfeffer

Muskatnuss, 125 g Quark

75 g Crème fraîche

75 g Schafskäse

2 Eier, Fett für die Form

Zubereitungszeit: ca. 25 Minuten (plus Zeit zum Ruhen, Schmoren und Backen)
Pro Stück ca. 160 kcal/672 kJ
5 g E, 10 g F, 10 g KH

1 Für den Teig alle Zutaten verkneten, 30 Minuten ruhen lassen. In eine gefettete Springform geben, einen Rand formen.

2 Spinat putzen, waschen. Zwiebel und Knoblauch schälen und fein hacken. Im heißen Öl andünsten, Spinat zugeben und einige Minuten garen. Mit Muskat abschmecken.

3 Restliche Zutaten mit Spinat mischen und auf den Teig geben. Im vorgeheizten Backofen bei 180 °C (Umluft 160 °C) etwa 25 Minuten backen.

Tipp

Diesen Quicheteig können Sie als Boden für viele andere pikante Torten verwenden. Dann ersetzen Sie den Spinat durch ein Gemüse Ihrer Wahl. Auch bei Quark, Crème fraîche und Schafskäse können Sie nach Lust und Laune variieren.

Als Ersatz für frische Pilze sind getrocknete Pilze wie Steinpilze, Morcheln oder chinesische Pilze geeignet. Hier brauchen Sie wesentlich weniger an Menge als bei den frischen. Nehmen sie etwa 1 Handvoll getrocknete Pilze und nach Bedarf mehr Hackfleisch.

Pilzfrikadellen

Für 1–2 Portionen

150 g gemischte Pilze

2 El Pflanzenöl

2 Schalotten, gehackt

1 Knoblauchzehe, gehackt

1 Brötchen vom Vortag, eingeweicht

75 ml Milch

200 g gemischtes Hackfleisch

1 Ei

je 1/4 El frisch gehackte Petersilie, frisch gehackter Thymian, Schnittlauch

Salz, Pfeffer

Zubereitungszeit: ca. 15 Minute (plus Bratzeit)
Pro Portion ca. 445 kcal/1869 kJ
27 g E, 30 g F, 15 g KH

1 Pilze putzen, waschen und hacken. In 1 El heißem Öl mit Zwiebeln und Knoblauch andünsten. Anschließend mit ausgedrücktem Brötchen und den restlichen Zutaten zu einem Teig verarbeiten.

2 Das restliche Öl erhitzen. Aus dem Fleischteig Frikadellen formen und von beiden Seiten knusprig braten.

Für 1 Portion
50 Langkornreis
Salz
1 Zwiebel
1/2 Beutel TK-Gemüse
1 El Butter
2 El geröstete Erdnüsse
50 g gekochter Schinken
Pfeffer
1 El Sojasauce

Zubereitungszeit: ca. 10 Minuten (plus Gar- und Schmorzeit)
Pro Portion ca. 511 kcal/2146 kJ
24 g E, 22 g F, 54 g KH

Gemüse-Reis-Pfanne

1 Den Reis nach Packungsanweisung zubereiten. Zwiebel schälen und hacken. Gemüse antauen lassen.

2 Butter erhitzen und die Zwiebel darin anschmoren. Gemüse zugeben und abgedeckt etwa 10 Minuten mitschmoren. Erdnüsse unterheben.

3 Schinken würfeln, Reis abgießen, beides unter das Gemüse heben und erhitzen. Mit Salz, Pfeffer und Sojasauce abschmecken.

Für 1 Portion
50 g Langkornreis
Salz
150 g Putenbrustfilet
1 Zwiebel
1/2 Knoblauchzehe
1 Zucchini
1/2 gelbe Paprikaschote
2 Tomaten
1 El Öl
1/2 Tl Currypulver
1 Prise gemahlener Ingwer
100 ml Hühnerbrühe
Pfeffer

Zubereitungszeit: ca. 20 Minuten (plus Brat- und Schmorzeit)
Pro Portion ca. 677 kcal/2843 kJ
51 g E, 27 g F, 57 g KH

Reispfanne mit Putenbrust

1 Reis nach Packungsanweisung garen. Fleisch waschen, trocknen und in Streifen schneiden. Zwiebel und Knoblauch schälen und hacken. Das Gemüse putzen, waschen und würfeln.

2 Öl erhitzen, das Fleisch darin 2 Minuten braten. Aus der Pfanne nehmen. Zwiebel, Knoblauch, Curry und Ingwer anschmoren, Gemüse hineingeben und 2 Minuten mit schmoren. Brühe angießen und 5 Minuten köcheln.

3 Reis abgießen, mit dem Fleisch unter das Gemüse heben. Mit Pfeffer abschmecken.

Für 1–2 Portionen

375 g Tomaten

1 Zwiebel

1/2 Knoblauchsauce

1 El schwarze Oliven ohne Stein

Salz, Pfeffer

je 1 El Oregano und Basilikum, frisch gehackt

2 El Olivenöl

frisch geriebener Parmesan

150 g Spaghetti

Zubereitungszeit: ca. 20 Minuten (plus Zeit zum Durchziehen und Garen)
Pro Portion ca. 390 kcal/1638 kJ
13 g E, 11 g F, 58 g KH

Spaghetti mit frischer Tomatensauce

1 Tomaten am Stielansatz einritzen, heiß überbrühen, von Stielansatz, Haut und Kernen befreien und pürieren. Zwiebeln und Knoblauch schälen und hacken, Oliven hacken, alles mit dem Tomatenpüree mischen und nach Belieben erneut pürieren.

2 Kräuter, Gewürze und Öl unterheben und 60 Minuten durchziehen lassen. Nudeln nach Packungsanweisung zubereiten und mit der kalten Tomatensauce und Parmesan essen.

Für 1–2 Portionen

2 El Pinienkerne

1/2 Bund frisch gehacktes Basilikum

1 Knoblauchzehe, gehackt

50 ml Olivenöl

50 g frisch geriebener Parmesan

1 El Butter

150 g Tagliatelle

Salz

Zubereitungszeit: ca. 15 Minuten (plus Garzeit)
Pro Portion ca. 690 kcal/2898 kJ
19 g E, 44 g F, 52 g KH

Tagliatelle mit Pesto

1 Pinienkerne rösten und hacken. Mit Basilikum, Knoblauch, Olivenöl und Parmesan im Mixer pürieren.

2 Die Tagliatelle nach Packungsanweisung in Salzwasser bissfest garen. Abgießen und abtropfen lassen. In einer Pfanne in der heißen Butter schwenken. Das Pesto unterrühren.

Pesto

Pesto kann man in verschiedenen Zusammensetzungen zubereiten. Statt Basilikum bieten sich Bärlauch oder Petersilie an. Darüberhinaus können auch pürierte Oliven, getrocknete Tomaten oder Pilze für ein Pesto verwendet werden. Nehmen Sie jeweils etwa 50–75 g davon.

Einfacher geht es, wenn Sie die Nudeln im Büro zubereiten (Dampfgarer) und das Pesto anschließend unterheben. Alternativ kochen Sie die Nudeln zu Hause vor und übergießen sie im Büro mit heißem Wasser.

Farfalle mit Zucchini und Lachs

Für 1–2 Portionen

200 g Farfalle

Salz

1/2 rote Zwiebel

1 Knoblauchzehe

250 g Zucchini

100 g Frischkäse

Saft und abgeriebene Schale von 1/2 unbehandelten Orange

60 ml Milch

Pfeffer

1/2 Bund frisch gehacktes Basilikum

100 g Räucherlachs, in Streifen geschnitten

Zubereitungszeit: ca. 20 Minuten (plus Gar- und Kochzeit)
Pro Portion ca. 650 kcal/2870 kJ
31 g E, 23 g F, 76 g KH

1 Farfalle nach Packungsanweisung bissfest garen. Zwiebel und Knoblauch schälen und hacken. Zucchini putzen, waschen und reiben.

2 Frischkäse, Orangensaft, -schale verrühren, in einem Topf aufkochen, Milch, Zwiebel, Knoblauch und Zucchini zugeben und etwa 5 Minuten köcheln, abschmecken.

3 Abgetropfte Nudeln und Basilikum unter die Sauce heben, mit Räucherlachsstreifen garnieren.

Vollkorn-Spaghetti mit Brokkoli

Für 1–2 Portionen

375 g Brokkoli

200 g Vollkornspaghetti

Salz, 1/2 Knoblauchzehe

2 El Olivenöl

1 cm frisch geriebener Ingwer

1/4 Tl Sambal Oelek

1 El Weißweinessig

Pfeffer

Zucker nach Geschmack

1/2 Bund frisch gehackter Koriander

1 El Sesamöl

Zubereitungszeit: ca. 20 Minuten (plus Gar- und Schmorzeit)
Pro Portion ca. 460 kcal/1932 kJ
18 g E, 8 g F, 75 g KH

1 Brokkoli putzen, waschen, zerkleinern. Nudeln in kochendem Salzwasser nach Packungsanweisung garen. 5 Minuten vor Ende den Brokkoli zugeben und mitgaren. Den Knoblauch schälen und hacken.

2 Öl im Wok erhitzen. Knoblauch anschmoren. Spaghetti und Brokkoli abgießen, abtropfen lassen und in den Wok geben. Restlichen Zutaten außer Sesamöl und Koriander zugeben und die Nudeln abschmecken. Mit Koriander bestreuen und mit Sesamöl beträufeln.

Gefüllte Weinblätter

Für 1–2 Portionen

50 g Basmatireis

1/2 Packung TK-Gemüse

60 ml Weißwein

150 ml Gemüsebrühe

2 El Olivenöl

1 Tl Zitronensaft

1/2 Bund gemischte Kräuter

1 El geröstete Pinienkerne

12 Weinblätter, blanchiert

Salz, Pfeffer

Zubereitungszeit: ca. 15 Minuten (plus Schmor- und Garzeit)
Pro Portion ca. 237 kcal/995 kJ
13 g E, 8 g F, 28 g KH

1 Reis nach Packungsanweisung garen. Gemüse auftauen lassen. Weißwein mit Brühe, 1 El Öl, Zitronensaft und Kräutersträußchen 10 Minuten köcheln.

2 Restliches Öl erhitzen und das Gemüse darin etwa 2 Minuten schmoren. Pinienkerne und abgetropften Reis unterheben und würzen. Masse auf die Weinblätter verteilen und die Weinblätter zuammenrollen.

3 In den Kräutersud legen und abgedeckt darin etwa 30 Minuten garen.

Schlemmer-Tipp

Statt der Weinblätter können Sie auch Mangoldblätter nehmen und mit der Reis-Gemüse-Mischung füllen.

Bereiten Sie sich einen Wrap mit Falafel zu. Dazu einen Fertigwrap nach Packungsanweisung vorbacken. Im Büro mit Krautsalat, Tomatenscheiben und etwas Crème fraîche und Cayennepfeffer füllen und 2 Falafel dazugeben. Wrap zusammenrollen und fertig ist ein leckerer und gesunder Snack.

Falafel

Für 2 Portionen

1 Knoblauchzehe

1 Zwiebel

100 g Kichererbsen, eingeweicht

je 1/4 Bund frisch gehackte, glatte Petersilie und frisch gehackter Koriander

1 El Mehl

Salz, Pfeffer

1/4 Tl edelsüßes Paprikapulver

1/4 Tl gemahlener Kreuzkümmel

500 ml Pflanzenöl

Zubereitungszeit: ca. 15 Minuten (plus Zeit zum Einweichen, Ruhen und Ausbacken)
Pro Portion ca. 311 kcal/1306 kJ
4 g E, 26 g F, 14 g KH

1 Knoblauch und Zwiebel schälen und hacken. Mit den abgetropften Kichererbsen und den Kräutern pürieren. Mehl und Gewürze unterrühren und einen festen Teig kneten. Etwa 1 Stunde kühl stellen.

2 Aus dem Teig etwa 12 kleine Bällchen formen und im heißen Öl etwa 3 Minuten ausbacken. Auf Küchenpapier abtropfen lassen.

Für 1–2 Portionen

2 Kalbsschnitzel (à 150 g)

Salz, Pfeffer

50 g Mehl

1 El Milch

1 Ei

50 g Paniermehl

3 El Öl

2 Zitronenscheiben

1 hartgekochtes Ei

Sardellenfilets und Kapern nach Belieben

Zubereitungszeit: ca. 20 Minuten (plus Bratzeit)
Pro Portion ca. 525 kcal/2205 kJ
39 g E, 17 g F, 47 g KH

Wiener Schnitzel

1 Kalbsschnitzel flach klopfen, würzen. In Mehl, mit Milch verquirltem Ei und Paniermehl wenden.

2 Schnitzel im heißen Öl in einer Pfanne erhitzen und von beiden Seiten je 3 Minuten braten. Aus der Pfanne nehmen und auf Küchenpapier abtropfen lassen.

3 Mit Zitronenscheiben, hart gekochten Eiern, Sardelllenfilets und Kapern nach Belieben garnieren.

Hähnchen-Cordon-Bleu

Für 1–2 Portionen

1–2 Hähnchenbrüste

Salz, Pfeffer

2 Scheiben gekochter Schinken

2 Scheiben Emmentaler

1 Ei

1 El Mehl

3 El Paniermehl

1 El Butterschmalz

Zubereitungszeit: ca. 15 Minuten (plus Bratzeit)
Pro Portion ca. 338 kcal/1419 kJ
36 g E, 16 g F, 10 g KH

1 Fleisch waschen, trockentupfen und eine Tasche hineinschneiden. Mit Salz und Pfeffer würzen. In jede Tasche eine Scheibe Schinken und Käse stecken.

2 Fleisch in Mehl, verquirltem Ei und Paniermehl wenden und im heißen Butterschmalz von beiden Seiten etwa 5 Minuten braten. Auf Küchenpapier abtropfen.

Für 1–2 Portionen

2 Kalbsschnitzel

Salz, Pfeffer

2 Tomaten

2 El Olivenöl

einige Basilikumblättchen

Zubereitungszeit: ca. 15 Minuten (plus Bratzeit)
Pro Portion ca. 203 kcal/852 kJ
27 g E, 9 g F, 2 g KH

Kalbsschnitzel mit Tomaten

1 Die Schnitzel waschen, trockentupfen, flach klopfen und mit Salz und Pfeffer würzen.

2 Die Tomaten waschen, von den Stielansätzen befreien und in Scheiben schneiden.

3 Das Öl erhitzen und die Schnitzel darin von beiden Seiten etwa 3 Minuten braten.

4 Die Tomatenscheiben auf die Schnitzel legen und abgedeckt weitere 2 Minuten schmoren.

5 Tomaten würzen und mit Basilikum garnieren.

Für 1–2 Portionen

2 Hähnchenschenkel

Salz, Pfeffer

1/2 Tl Rosenpaprika

1/4 Tl Cayennepfeffer

2 El Olivenöl

Chilisauce

Zubereitungszeit: ca. 10 Minuten (plus Back- oder Bratzeit)
Pro Portion ca. 324 kcal/1360 kJ
28 g E, 22 g F, 2 g KH

Feurige Hähnchenschenkel

1 Die Hähnchenschenkel waschen, trockentupfen. Gewürze und Öl vermischen und die Hähnchenschenkel damit einpinseln.

2 Im vorgeheizten Backofen bei 180 °C (Umluft 160 °C) etwa 30 Minuten backen oder in der Pfanne etwa 15 Minuten knusprig braten. Dazu schmeckt Chilisauce und ein frischer Salat.

Tipp

Wenn Sie in der Mittagspause mal auswärts mit den Kollegen essen gehen, achten Sie auch hier auf die Zusammensetzung der Speisen: 3/4 Gemüse und Salat und 1/4 Fleisch, nicht umgekehrt.
Greifen Sie zu fettarmen Gerichten wie Geflügel, magerem Fleisch oder Fisch. Statt einer Hauptmahlzeit sind auch eine Vorspeise oder Suppe und etwas Gemüse eine gute Alternative. Die Flüssigkeit der Suppe füllt den Magen und Sie essen weniger von der Hauptspeise.

Zwiebelkuchen

1 Aus den Zutaten einen Teig bereiten und 30 Minuten ruhen lassen. Zwiebeln schälen und in Ringe schneiden. Speck in Stücke schneiden, auslassen, Öl zugeben und die Zwiebeln darin glasig schmoren. Mehl, Ei, Schmand zugeben und würzen.

2 Teig in eine gefettete Springform geben, einen Rand formen. Belag darauf verteilen und im vorgeheizten Backofen bei 200 °C (Umluft etwa 180 °C) etwa 35 Minuten backen. Mit frisch geschnittenem Schnittlauch garnieren.

Tipp

Solche Kuchen eignen sich auch besonders gut für eine größere Bürofeier. Verdoppeln Sie einfach die Menge an Teig und Belag und backen Sie ein Blech voll Kuchen. Sie schmecken auch kalt noch ausgezeichnet und lassen sich gut einfrieren, wenn etwas übrig bleibt.

Den Gemüsekuchen können Sie mit gekochtem Schinken oder gewürfelter Putenfleischwurst verfeinern. Ersetzen Sie die Nüsse durch Sonnenblumenkerne.

Für 1 Springform (22 cm Durchmesser)

Teig

150 g Mehl, 100 g Butter

1/2 Tl Salz, 1 Ei

Belag

500 g Zwiebeln

75 g Räucherspeck

1 El Pflanzenöl

20 g Mehl, 1 Ei

225 g Schmand

Salz, Pfeffer

gemahlener Kümmel nach Geschmack

Fett für die Form

Schnittlauch zum Garnieren

Zubereitungszeit: ca. 30 Minuten (plus Ruhe-, Schmor- und Backzeit)
Pro Portion ca. 205 kcal/861 kJ
4 g E, 15 g F, 12 g KH

Gemüsekuchen

1 Aus den Zutaten einen Teig bereiten, 30 Minuten ruhen lassen, in acht Teile teilen, ausrollen und in gefettete Muffinformen geben.

2 Das Gemüse putzen, waschen und klein schneiden. Öl erhitzen, das Gemüse darin anschmoren. Mehl darüberstäuben, Ei, Sahne, Quark und Nüsse unterrühren und würzen.

3 Gemüse auf den Teig verteilen und im vorgeheizten Backofen bei 200 °C (Umluft 180 °C) etwa 30 Minuten backen.

Für ca. 8 Stück

150 g Mehl, 100 g Butter

1/2 Tl Salz, 1 Ei

Belag

500 g Gemüse nach Wahl

2 El Olivenöl, 20 g Mehl

1 Ei, 125 ml Sahne

125 g Kräuterquark

1 El gehackte Nüsse

Salz, Pfeffer

Fett für die Form

Zubereitungszeit: ca. 30 Minuten (plus Ruhe-, Schmor- und Backzeit)
Pro Portion ca. 265 kcal/1113 kJ
7 g E, 19 g F, 16 g KH

Für 1–2 Portionen

250 g Kartoffeln

1 Zwiebel

3 Eier

100 g Räucherspeck

50 ml Olivenöl

Salz, Pfeffer

1 El frisch gehackte Petersilie

Zubereitungszeit: ca. 25 Minuten (plus Brat- und Garzeit)
Pro Portion ca. 535 kcal/2247 kJ
23 g E, 39 g F, 22 g KH

Tortilla

1 Kartoffeln und Zwiebeln schälen und in dünne Scheiben schneiden. Eier verquirlen. Speck würfeln.

2 Olivenöl in einer Pfanne erhitzen und die Kartoffelscheiben darin unter Rühren garen. Herausnehmen und würzen. Öl aufbewahren.

3 Speck auslassen, Zwiebeln darin glasig schmoren. Mit Eiern, Kartoffelscheiben und Petersilie mischen und im verbliebenen Öl stocken lassen. Tortilla wenden und weitere 4 Minuten backen.

Für 1 Springform (22 cm Durchmesser)

Teig

150 g Mehl, 100 g Butter

1/2 Tl Salz, 1 Ei

Belag

2 Lauchstangen

1 Zwiebel

50 gekochter Schinken

2 El Olivenöl, 20 g Mehl

150 ml Sahne

1 Ei, Salz, Pfeffer

50 g frisch geriebener Emmentaler

Fett für die Form

Zubereitungszeit: ca. 20 Minuten (plus Ruhe-, Schmor- und Backzeit)
Pro Portion ca. 184 kcal/772 kJ
4 g E, 13 g F, 10 g KH

Lauchkuchen

1 Aus den Zutaten einen Teig bereiten, 30 Minuten ruhen lassen, in die gefettete Form geben, einen Rand formen. Lauch putzen, waschen und in Ringe schneiden. Zwiebel schälen und fein hacken. Schinken würfeln.

2 Das Öl erhitzen und Lauch mit Zwiebel darin andünsten. Mehl darüberstäuben. Sahne, Ei, Schinken, Gewürze und Käse mischen und mit der Lauchmasse verrühren.

3 Auf den Teig verteilen und im vorgeheizten Backofen bei 180 °C (Umluft 160 °C) etwa 25 Minuten backen.

Für 1–2 Portionen

200 g Gnocchi, Salz

50 g getrocknete Tomaten in Öl

150 g frische Steinpilze

1 Zwiebel

1 Knoblauchzehe

75 g Räucherspeck in Streifen

75 ml Weißwein

Pfeffer

1/2 Bund frisch gehacktes Basilikum

Zubereitungszeit: ca. 25 Minuten (plus Schmor- und Kochzeit)
Pro Portion ca. 459 kcal/1927 kJ
22 g E, 6 g F, 71 g KH

Gnocchi mit Pilzen

1 Die Gnocchi nach Packungsanweisung bissfest garen. Tomaten abtropfen lassen, Öl auffangen und fein hacken. Pilze putzen, feucht abreiben und würfeln. Zwiebel und Knoblauch schälen und fein hacken.

2 Tomatenöl erhitzen, den Speck darin ausbraten. Zwiebeln und Knoblauch zugeben und etwa 3 Minuten mitschmoren. Pilze hinzufügen und alles etwa 5 Minuten weiterschmoren.

3 Gnocchi abgießen, abtropfen lassen. Mit den Tomaten unter die Pilzmischung heben. Wein angießen, aufkochen und abschmecken. Mit Basilikum bestreuen.

Für 1–2 Portionen

1 gelbe Paprikaschote

1/2 rote Chilischote

1 /2 Salatgurke, 1 Zwiebel

1 Knoblauchzehe

200 g Tomaten

2 Scheiben Toast

2 El Olivenöl, Salz, Pfeffer

1 El Rotweinessig

200 g Penne

2 El frisch gehackte Petersilie

Zubereitungszeit: ca. 25 Minuten (plus Garzeit)
Pro Portion ca. 520 kcal/2184 kJ
17 g E, 9 g F, 89 g KH

Penne mit kalter Gemüsesauce

1 Paprika- und Chilischote putzen, waschen, entkernen und würfeln. Gurke, Zwiebel, Knoblauch schälen, Tomaten von Stielansätzen befreien, häuten und entkernen. Das Gemüse mit dem Toastbrot und dem Olivenöl pürieren und mit Salz, Pfeffer und Essig abschmecken.

2 Penne nach Packungsanweisung zubereiten, abgießen, mit der kalten Gemüsesauce mischen und mit Petersilie bestreuen.

Tipp

Wenn Sie ab und an auch in der Kantine essen, erkennen Sie mit folgenden Fragen, wie gut sie ist:

- *Gibt es regelmäßig vegetarische Gerichte?*
- *Gibt es mehrere verschiedene Gerichte pro Tag, auch eine Fischmahlzeit?*
- *Sind Fisch und Fleisch auch unpaniert erhältlich?*
- *Werden Salate angeboten? Gibt es Dressing zum selbstanrühren ?*
- *Ist das Gemüse bissfest gegart oder weich gekocht?*
- *Wie viele Beilagen gibt es zur Auswahl?*

Gemüsestrudel

1 Mehl und Salz mischen. In die Mitte eine Mulde drücken und das Öl sowie etwa 10 El Wasser nach und nach hineingeben, mit den Händen einen geschmeidigen Teig herstellen. Den Teig glatt kneten und 60 Minuten abgedeckt an einem warmen Ort ruhen lassen.

2 Inzwischen die Zwiebeln und Möhren schälen und würfeln. Spinat putzen, waschen und in Streifen schneiden. Das Öl in einer großen Pfanne erhitzen, die Zwiebeln darin andünsten. Möhren zugeben und 3 Minuten schmoren, den Spinat hinzufügen und kurz mitschmoren. Gemüse würzen und abkühlen lassen. Flüssigkeit abgießen. Pinienkerne unterheben.

3 Hüttenkäse mit Eigelben und Haferflocken verrühren und mit der Gemüsemischung vermengen.

4 Den Teig dünn ausrollen und auf ein bemehltes Tuch legen. Die Ränder etwas ausziehen.

5 Teig mit etwas flüssiger Butter bestreichen und die Gemüsemasse darauf geben. Strudel mithilfe des Tuchs von der schmalen Seite her zusammenrollen.

6 Auf ein gefettetes Backblech setzen, mit der restlichen Butter bestreichen und im vorgeheizten Backofen bei 190 °C (Umluft 170 °C) etwa 45 Minuten backen.

Tipp

Nehmen Sie sich Zeit zum Essen und essen Sie langsam. Erst nach 20 Minuten stellt sich im Körper das Sättigungsgefühl ein. Die meisten Menschen sind aber bereits nach etwa 10 Minuten mit dem Essen fertig, wie Untersuchungen gezeigt haben. Also wird gerne mal zu viel gegessen. Essen Sie nach dem Motto: Weniger ist mehr! Besser nach 2 Stunden wieder einen kleinen Snack zu sich nehmen, etwa einen Joghurt, Obst, Power-Drink oder etwas Süßes in wohldosierter Menge. Mehrere kleine Mahlzeiten sind außerdem besser für die Figur.

Für 1 Strudel

Teig

250 g Vollkornmehl

1/2 Tl Salz

4 El Olivenöl

Füllung

2 Zwiebeln, 300 g Möhren

1 kg Blattspinat

2 El Olivenöl, Salz, Pfeffer

50 g geröstete Pinienkerne

200 g Hüttenkäse

2 Eigelbe, 3 El Haferflocken

2 El Butter

Mehl für das Tuch

Fett für das Blech

Zubereitungszeit: ca. 40 Minuten (plus Zeit zum Ruhen, Schmoren und Backen)
Pro Stück ca. 145 kcal/609 kJ
7 g E, 6 g F, 13 g KH

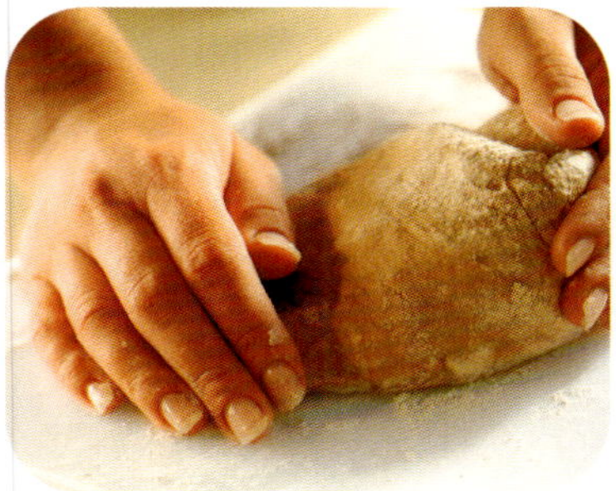

Süßes & Gebäck

Auch Schleckermäuler kommen beim gesunden Essen im Büro nicht zu kurz. Kekse und Kuchen sind nicht an sich schädlich und ungesund. Nach dem Motto: „Die Menge macht´s", können Sie auch hier zugreifen.

Dass Schokolade & Co. die Stimmung heben und für gute Laune sorgen, lässt sich nicht leugnen. Egal, ob der kleine Hunger kommt oder ein wenig Frust bekämpft werden muss – mit diesen Rezepten schaffen Sie Abhilfe.

Milchreis mit Früchten

1 Die Milch aufkochen und den Reis zugeben. Unter Rühren aufkochen und 15 Minuten quellen lassen.

2 Die Erdbeeren putzen, waschen und halbieren, Kiwi, Birne und Banane schälen und würfeln. Mit Ahornsirup und Zimt mischen und über den Milchreis geben.

Für 1–2 Portionen

170 ml Milch

40 g Milchreis

30 g Erdbeeren

1 Kiwi

1 Birne

1/2 Banane

1/2 El Ahornsirup

1/4 Tl Zimt

Zubereitungszeit. ca. 15 Minuten (plus Koch- und Quellzeit)
Pro Portion ca. 206 kcal/865 kJ
4 g E, 4 g F, 36 g KH

Grießbrei mit Roter Grütze

1 Die Milch mit 15 g Zucker und 2 Tl Vanillezucker aufkochen. Langsam den Grieß einrieseln lassen und unter Rühren 5 Minuten köcheln. Vom Herd nehmen und ausquellen lassen.

2 Die Früchte putzen und waschen, nach Bedarf klein schneiden. Saft aufkochen. Speisestärke in etwas Wasser glatt rühren, den Saft damit binden.

3 Die Früchte sowie restlichen Zucker und Vanillezucker hinzufügen und abgedeckt etwa 20 Minuten ziehen lassen.

Ahornsirup

Ahornsirup wird aus dem Saft bestimmter Ahornbäume gewonnen, die nur in Nordamerika wachsen. Der süße Sirup enthält im Gegensatz zu Honig weniger Kalorien, dafür aber mehr Mineralstoffe wie Kalzium, Eisen, Phosphor und Kalium.
Der Sirup kann sehr gut anstelle von Zucker zum Süßen verwendet werden. Eventuell muss dann die sonstige Flüssigkeitsmenge je 100 ml Sirup um die Hälfte reduziert werden.

Für 1–2 Portionen

250 ml Milch

50 g Zucker

1/2 Päckchen Vanillezucker

35 g Grieß

100 g Sauerkirschen ohne Stein

450 g gemischte Beeren (z. B. Erdbeeren, Himbeeren, Brombeeren, Johannisbeeren)

125 ml roter Johannisbeersaft

1 1/2 El Speisestärke

Zubereitungszeit: ca. 20 Minuten (plus Zeit zum Kochen, Quellen und Durchziehen)
Pro Portion ca. 447 kcal/1847 kJ
8 g E, 5 g F, 86 g KH

Für 2–3 Portionen

1 Päckchen Fertig-Puddingpulver nach Geschmack

500 ml Milch

1 El Honig

1/2 Apfel

1/2 Pfirsich

1 El Rosinen

Zubereitungszeit: ca. 15 Minuten (plus Zeit zum Kochen und Abkühlen)
Pro Portion ca. 191 kcal/802 kJ
6 g E, 6 g F, 27 g KH

Pudding mit Apfelstücken

1 Den Pudding nach Packungsanweisung mit der Milch kochen und mit Honig süßen. Abkühlen lassen.

2 Den Apfel und Pfirsich schälen, von Kerngehäuse und Stein befreien und das Fruchtfleisch klein schneiden. Rosinen heiß abspülen.

3 Das Obst und die Rosinen unter Rühren aufkochen lassen und über den erkalteten Pudding geben.

Für 1–2 Portionen

250 g Magerquark

Saft von 1 Limone

1 1/2 Päckchen Vanillezucker

50 ml Buttermilch

2 Scheiben Ananas

1 Banane

1 El Akazienhonig

2 El Kokosraspel

1 El Schokostreusel

Zubereitungszeit: ca. 15 Minuten
Pro Portion ca. 327 kcal/1373 kJ
19 g E, 8 g F, 40 g KH

Kokos-Quarkcreme

1 Den Quark mit Limonensaft, Zucker und Buttermilch verrühren.

2 Ananas würfeln. Banane schälen und in Scheiben schneiden. Früchte mit dem Honig unter den Quark rühren.

3 Die Kokosraspel unterheben. Mit Schokostreuseln dekorieren.

Grüntee-Bowle

Zum Trinken zwischendurch mischen Sie sich eine Grüntee-Bowle: 100 ml Traubensaft zu Eiswürfeln gefrieren lassen. 300 ml grünen Tee mit 1 Zweig echter Pfefferminze kochen. Den Saft und die abgeschälte Schale einer unbehandelten halben Zitrone mit 2 Tl Honig verrühren. 1 Birne und 100 g kernlose Trauben klein schneiden und mit gesüßtem Zitronensaft mischen. 30 Minuten ziehen lassen. Früchte in den Tee geben und mit den Safteiswürfeln kühlen. Dieser Drink hilft bei Stress und stärkt die Abwehrkräfte.

Für 1 Kastenform

250 g Butter

275 g Zucker

1 Päckchen Vanillezucker

4 Eier, 2 El Rum

500 g Mehl

1 Prise Salz

1 Päckchen Backpulver

125 ml Milch

30 g Kakao

2 El Milch

Puderzucker

Fett für die Form

Zubereitungszeit: ca. 25 Minuten (plus Zeit zum Backen)
Pro Stück ca. 438 kcal/1839 kJ
7 g E, 21 g F, 54 g KH

Marmorkuchen

1 Butter mit Zucker schaumig rühren. Eier und Rum zugeben. Mehl mit Salz und Backpulver mischen und unterrühren. Milch hinzufügen.

2 2/3 des Teiges in eine gefettete Kastenform füllen. Restlichen Teig mit Kakao und 2 El Milch verrühren. Auf den hellen Teig füllen und mit einer Gabel spiralförmig unterheben.

3 Den Kuchen im vorgeheizten Backofen bei 175 °C (Umluft 155 °C) etwa 60 Minuten backen. Mit Puderzucker bestreuen.

Für 1 Springform (24 cm Ø)

100 g Mehl, 1 Tl Backpulver

5 Eigelb, mit 5 El Wasser verrührt

50 g Zucker, 1 Prise Salz

5 Eiweiß, zu Eischnee geschlagen

65 g Speisestärke

65 g Butter

Fett für die Form

Belag

6 Blatt weiße Gelatine, eingeweicht

1 Dose Kokoscreme

250 ml Sahne

4 Scheiben Ananas

1 Dose Mandarinen

2 Bananen, 2 Kiwis

1/2 Päckchen Tortenguss

125 ml Ananassaft

1 El Zucker

Zubereitungszeit: ca. 30 Minuten (plus Zeit zum Backen und Abkühlen)
Pro Portion ca. 252 kcal/1058 kJ
4 g E, 16 g F, 22 g KH

Obstkuchen

1 Aus den Zutaten einen Teig bereiten und in einer gefetteten Springform im vorgeheizten Backofen bei 200 °C (Umluft 180 °C) etwa 15 Minuten backen und abkühlen lassen.

2 Die ausgedrückte Gelatine in die Kokoscreme rühren. Sahne steif schlagen und unterheben. Creme auf den Tortenboden streichen.

3 Ananas und Mandarinen abtropfen lassen. Kiwi und Bananen schälen, in Scheiben schneiden. Obst auf dem Boden verteilen. Aus Tortengusspulver, Saft und Zucker nach Anweisung einen Tortenguss bereiten und über dem Obst verteilen.

Für 1–2 Portionen

100 g Butter

90 g Zucker

2 Eigelbe

65 g Mehl

65 g Speisestärke

2 Eiweiß

Fett für das Waffeleisen

3 Bananen

3 El Orangenlikör

1 El Zitronensaft

100 ml Sahne

Zubereitungszeit: ca. 20 Minuten (plus Zeit zum Backen und Abkühlen)
Pro Portion ca. 1240 kcal/5208 kJ
15 g E, 64 g F, 146 g KH

Knusperwaffeln mit Bananencreme

1 Aus Butter, Zucker, Eigelben, Mehl und Speisestärke einen Teig bereiten. Das Eiweiß steif schlagen und unter den Teig heben. Das Waffeleisen vorheizen und einfetten.

2 Nacheinander 3 bis 4 Waffeln backen und abkühlen lassen.

3 Bananen schälen, mit einer Gabel zermusen und mit Likör und Zitronensaft mischen. Sahne steif schlagen und unter das Bananenmus heben. Auf den Waffeln verteilen.

Für 1–2 Portionen

100 ml Crème double

3–4 El Schokocreme (Fertigprodukt)

1/2 Päckchen Vollkorn-Reiswaffeln

Früchte nach Belieben

Zubereitungszeit: ca. 5 Minuten
Pro Portion ca. 251 kcal/1054 kJ
3 g E, 21 g F, 12 g KH

Reiswaffeln mit Schokocreme

1 Die Créme double mit der Schokocreme vermischen.

2 Die Reiswaffeln mit der Creme bestreichen und als Snack zwischendurch essen.

3 Nach Belieben mit frischen Früchten belegen.

Für 1–2 Portionen

2 Williams-Christ-Birnen

1 El gehackte Nüsse

1 El Rosinen

1 El Quark

Zimt

abgeriebene Schale von 1 unbehandelten Zitrone

1 El Sesam

30 ml Birnensaft

60 ml Weißwein

Zubereitungszeit: ca. 20 Minuten (plus Backzeit)
Pro Portion ca. 186 kcal/781 kJ
3 g E, 5 g F, 26 g KH

Gefüllte Birnen

1 Birnen waschen, halbieren, vorsichtig das Kerngehäuse entfernen.

2 Nüsse, Rosinen, Quark, Zimt, Zitronenschale und Zucker verrühren und in die Vertiefung in den Birnen geben. Mit Sesam bestreuen.

3 Birnensaft und Weißwein verrühren. Birnen in eine feuerfeste Form setzen, die Flüssigkeit angießen. Birnen im vorgeheizten Ofen bei 220 °C (Umluft 200 °C) etwa 20 Minuten backen.

Für 1 Tarteform (ca. 12 Stücke)

125 g Butter

100 g Zucker

1 Ei

250 g Weizenmehl

750 g Äpfel

4 El Aprikosenmarmelade

Fett für die Form

Zubereitungszeit: ca. 25 Minuten (plus Zeit zum Ruhen und Backen)
Pro Portion ca. 230 kcal/966 kJ
2 g E, 9 g F, 32 g KH

Apfeltarte

1 Aus Butter, Zucker, Ei und Mehl einen Teig zubereiten, zu einer Kugel formen und in Folie gewickelt etwa 30 Minuten im Kühlschrank ruhen lassen.

2 Äpfel schälen, vom Kerngehäuse befreien und in dünne Spalten schneiden. Die Tarteform einfetten. Den Teig ausrollen und die Form damit auslegen.

3 Apfelspalten dicht nebeneinander auf den Teig legen. Mit flüssiger Aprikosenmarmelade bestreichen und im vorgeheizten Backofen bei 17 °C (Umluft 15 °C) etwa 25 Minuten backen.

Schlemmer-Tipp

Die gefüllten Birnen können Sie noch zusätzlich mit einem Klecks Sahne oder Crème fraîche versehen. Versuchen Sie die Füllung auch für Bratäpfel.
Gleiches gilt für die Apfeltarte. Bereiten Sie diesen leckeren Kuchen auch mit Birnen oder frischen Pfirsichen zu.
Statt Mürbeteig können Sie auch TK-Blätterteig verwenden. Die Tarte wird dadurch noch lockerer und luftiger.

Kokosbällchen

Für 12-15 Portionen

150 g frische Kokosnuss

100 g Honig

2 El Sahne

50 g Kokosflocken

Zubereitungszeit: ca. 10 Minuten
Pro Stück ca. 80 kcal/336 kJ
1 g E, 6 g F, 5 g KH

1 Die Kokosnuss sehr fein reiben und mit Honig und Sahne zu einer festen Masse verkneten.

2 Aus der Masse ca. 12–15 kleine Bällchen formen und in den Kokosflocken wenden.

Schlemmertipp

Nach dem Prinzip dieser Kokosbällchen können Sie Marzipan-, Mandel oder Erdnussbällchen herstellen. Zum Wenden verwenden Sie gemahlene Mandeln, Nüsse, Sesam oder gehackte Pistazien.
Wenn Sie die Bällchen mit echten Nüssen zubereiten, tun Sie gleichzeitig etwas für Ihre Gesundheit. Durch ihre mehrfach ungesättigten Fettsäuren senken Nüsse den Cholesterin-Spiegel.

Grießschnitten

Für 2–3 Portionen

375 ml Milch

1 Prise Salz

15 g Zucker

2 El abgeriebene Schale von 1 unbehandelten Orange

65 g Grieß, 1 Ei

2 Bananen

1/8 Tl gemahlener Kardamom

20 g Butter

1 1/2 El Sesam

Fett für das Blech

Zubereitungszeit: ca. 30 Minuten (plus Zeit zum Kochen, Quellen und Backen)
Pro Portion ca. 370 kcal/1554 kJ
10 g E, 14 g F, 48 g KH

1 Milch mit Salz, Zucker und Orangenschale aufkochen, Grieß einrieseln lassen und unter Rühren etwa 5 Minuten köcheln. Grieß vom Herd nehmen und quellen lassen.

2 Das Ei trennen. Eigelb unter den Grieß rühren, Eiweiß steif schlagen. Bananen schälen, würfeln und unter den Grieß heben. Eischnee und Kardamom unterziehen.

3 Grießmasse auf ein gefettetes Blech streichen. Butter in Flöckchen darübergeben, mit Sesam bestreuen. Im vorgeheizten Backofen bei 220 °C (Umluft 200 °C) etwa 20 Minuten backen. In Stücke schneiden.

Für 4 Stück

75 g Weizenvollkornmehl

25 g Weizenkleie

2 Tl Weinsteinbackpulver

1 Prise gemahlener Zimt

20 g Butter

1 Ei

75 g Honig

30 ml Milch

1 Apfel

35 g Rosinen

1 Tl Rum

4 Muffin-Papierförmchen

Zubereitungszeit: ca. 20 Minuten (plus Backzeit)
Pro Portion ca. 157 kcal/659 kJ
3 g E, 4 g F, 24 g KH

Apfelmuffins

1 Das Mehl mit Kleie, Backpulver und Zimt mischen. Butter, Ei und Honig schaumig rühren. Die Milch zugeben. Diese Mischung mit der Mehlmischung verrühren.

2 Den Apfel schälen, entkernen und würfeln. Die Rosinen mit Rum beträufeln, beides unter den Teig heben. In 4 Papier-Muffinförmchen füllen und im vorgeheizten Backofen bei 180 °C (Umluft 160 °C) etwa 20 Minuten backen.

Für 4 Stück

125 g Mehl

1 El Backpulver

1 Prise Salz

15 g Zucker

100 ml Milch

1 Ei

50 ml Sonnenblumenöl

100 g Himbeeren

30 g gehackte Haselnüsse

Puderzucker zum Bestreuen

4 Muffin-Papierförmchen

Zubereitungszeit: ca. 20 Minuten (plus Backzeit)
Pro Portion ca. 181 kcal/760 kJ
4 g E, 9 g F, 19 g KH

Himbeermuffins

1 Das Mehl mit Backpulver, Salz und Zucker mischen. Milch mit Ei und Öl verrühren. Feuchte Zutaten mit trockenen zu einem Teig vermengen.

2 Die Himbeeren verlesen, waschen und abtropfen lassen. Mit den Nüssen unter den Teig heben. Den Teig in 4 Papier-Muffinförmchen geben und im vorgeheizten Backofen bei 200 °C (Umluft 180 °C) etwa 25 Minuten backen. Mit Puderzucker bestäuben.

Für 1–2 Portionen

2 unbehandelte Orangen

100 ml Sahne, geschlagen

1 El brauner Zucker

125 g Magerquark

1 El Ahornsirup

1 El Orangenlikör

50 g Knusper-Flakes

20 g gehackte Pistazien

Zubereitungszeit: ca. 30 Minuten (plus Kochzeit)
Pro Portion ca. 456 kcal/1915 kJ
14 g E, 20 g F, 49 g KH

Orangenquark mit Flakes

1 1 Orange schälen, Filets herauslösen, den Saft auffangen. Orangenfilets würfeln, 2–3 zum Verzieren beiseitelegen. Orangenwürfel mit Sahne mischen.

2 Schale von der zweiten Orange dünn abschälen und in feine Streifen schneiden. Mit dem Zucker in 60 ml Wasser 10 Minuten köcheln. Orange auspressen, mit Quark, Sirup und Likör verrühren.

3 Orangensahne unter den Quark heben. Abwechselnd mit den Knusper-Flakes in Gläser füllen. Mit Orangenstreifen und -filets dekorieren. Pistazien darüberstreuen.

Für ca. 8 Stück

1 Paket TK-Blätterteig (ca. 300 g)

200 g gemischtes Obst, zum Beispiel Äpfel und Birnen

1 El Zucker

20 g gehackte Mandeln

2 El Rosinen

1 Eigelb

Zubereitungszeit: ca. 20 Minuten (plus Zeit zum Auftauen, Kochen und Backen)
Pro Stück ca. 206 kcal/865 kJ
2 g E, 14 g F, 15 g KH

Blätterteigteilchen mit Obst

1 Den Blätterteig auftauen lassen, jede Platte auf 11 x 22 cm ausrollen und daraus zwei Teile à 11 x 11 cm ausschneiden.

2 Obst schälen, entkernen und klein schneiden. Obst mit etwas Zucker oder Honig etwa 10 Minuten zu einem Kompott kochen. Mandeln und abgespülte Rosinen unterheben.

3 Obst auf den Blätterteigplatten verteilen, überschüssige Flüssigkeit vorher abtropfen lassen. Ränder mit etwas Wasser bestreichen und übereinander schlagen. Ränder gut festdrücken. Mit verquirltem Eigelb bestreichen.

4 Blätterteig im vorgeheizten Backofen bei 225 °C (Umluft 200 °C) etwa 20 Minuten backen.

Tipp

Machen Sie sich doch schon am Wochenende einen Essensplan für die kommende Woche. Wann wollen Sie auswärts essen, wann in der Kantine und wann etwas Selbstgemachtes mit ins Büro nehmen. Stellen Sie einen Einkaufsplan zusammen und kaufen Sie rechtzeitig und stressfrei alles Notwendige ein.
Und sorgen Sie für genügend Getränke. Am besten postieren Sie einen Kasten Mineralwasser im Büro.

Für Allergiker gilt: Milchprodukte mit tierischem Eiweiß durch Sojaprodukte ersetzen. Schmeckt genauso gut.

Nusszopf

1 Mehl in eine Schüssel sieben. Eine Mulde hineindrücken und die Hefe hineinbröckeln. Etwas warme Milch darübergießen, mit Mehl bedecken und 15 Minuten gehen lassen. Dann den Vorteig mit den restlichen Teigzutaten vermengen und einen glatten Teig kneten. Abgedeckt an einem warmen Ort etwa 60 Minuten gehen lassen.

2 Für die Füllung die Nüsse mit Zucker, Brösel, Zimt mischen. Die Milch mit Marzipan und Bittermandelaroma in einem Topf aufkochen. Mit der Nussmischung verrühren.

3 Den Teig auf einem bemehlten Küchenhandtuch rechteckig ausrollen und die Nussmischung daraufstreichen. Den Teig mithilfe des Tuchs zusammenrollen. Teig mittig teilen und beide Teile zopfartig miteinander verdrehen. Auf ein gefettetes Backblech legen und weitere 30 Minuten gehen lassen.

4 Danach den Zopf im vorgeheizten Backofen bei 190 °C (Umluft 170 °C) etwa 35 Minuten backen. Etwas abkühlen lassen. Puderzucker mit Zitronensaft und Wasser verrühren und den Zopf damit bestreichen.

Schlemmer-Tipp

Den Nusszopf können Sie „pur" essen oder als leckere Grundlage für Brotaufstriche und Marmeladen benutzen. Probieren Sie auch einmal kalt gerührte Marmeladen: Das Obst pürieren und mit etwas Zitronensaft und Honig mischen. Schmeckt wunderbar fruchtig – hält sich aber nicht lange.

Wenn Sie Lust auf noch mehr Süßes haben, bestreichen Sie den Nusszopf mit Schoko- oder Nusscreme.

Für 1 Zopf

400 g Mehl, 25 g Hefe

125 g Milch, 60 g Butter

40 g Zucker, 1/2 Tl Salz

1 Ei

Für die Füllung

100 g gemahlene Haselnüsse

50 g Zucker

40 g Paniermehl

1 Prise Zimt, 125 ml Milch

15 g Marzipanrohmasse

1 Tropfen Bittermandelaroma

100 g Puderzucker

Zitronensaft

Mehl zum Ausrollen

Fett für das Blech

Zubereitungszeit: ca. 40 Minuten (plus Zeit zum Gehen und Backzeit)
Pro Stück ca.
248 kcal/1041 kJ
5 g E, 9 g F, 35 g KH

Für ca. 10–15 Stück

25 g Mandeln

25 g Erdnüsse

25 Sonnenblumenkerne

50 g getrocknete Aprikosen

25 g Trockenpflaumen

1 Apfel

75 g Mehl

75 g Haferflocken

2 1/2 El Rapsöl

50 g Rosinen

1 Prise Salz

1 El Honig

1 Prise Zimt

Zubereitungszeit: ca. 30 Minuten (plus Back- und Kühlzeit)
Pro Portion ca. 96 kcal/403 kJ
3 g E, 4 g F, 12 g KH

Müsliriegel

1 Mandeln, Erdnüsse, Kerne und Trockenobst hacken. Äpfel schälen, entkernen und raspeln. Mehl mit Haferflocken, 250 ml Wasser, Öl und den restlichen Zutaten mischen und einen festen Teig kneten.

2 Den Teig auf ein gefettetes Backblech streichen und im vorgeheizten Backofen bei 180 °C (Umluft 160 °C) etwa 30 Minuten backen. Noch warm in Riegel schneiden. Dann abkühlen lassen.

Für ca. 10–12 Stück

250 –275 g Sesam

100 g Honig

1 Tl Amaretto

10-12 Oblaten

Zubereitungszeit: ca. 20 Minuten
Pro Portion ca. 144 kcal/604 kJ
3 g E, 10 g F, 8 g KH

Sesamstreifen

1 200 g Sesam fein mahlen und mit dem Honig und dem Amaretto verrühren, bis eine feste Masse entstanden ist. Sollte die Masse nicht fest genug sein, noch etwas Sesam zugeben.

2 Die Masse auf einer Arbeitsplatte etwa 1,5 cm dick auf den Oblaten ausrollen und mit dem restlichen Sesam bestreuen und im vorgeheizten Backofen bei 180 °C (Umluft 160 °C) etwa 10–15 Minuten backen.

3 Solange die Masse noch heiß ist, den Teig in etwa 1 cm breite Streifen schneiden und dann abkühlen lassen.

Rezeptverzeichnis